Pädagogik ohne Bestrafen,

Belohnen und Bewerten

Gewaltfreie und verantwortungsvolle Alternativen

Martha Gugler

Pädagogik ohne Bestrafen, Belohnen und Bewerten

Gewaltfreie und verantwortungsvolle Alternativen

Überarbeitete Bachelorthesis

Bibliografische Information der Deutschen Nationalbibliothek: Die Deutsche Nationalbibliothek verzeichnet diese Publikation in der Deutschen Nationalbibliografie; detaillierte bibliografische Daten sind im Internet über dnb.dnb.de abrufbar.

Herstellung und Verlag:

BoD – Books on Demand, Norderstedt

ISBN: 9783748101789

Inhaltsverzeichnis

Danksagung

Die Beschäftigung mit meiner Fragestellung hat mir nicht nur viel Freude bereitet, sondern mich auch zum Nachdenken gebracht und einige Veränderungen in mir angestoßen. Darum gilt mein besonderer Dank allen, die mich in diesem Prozess begleitet und unterstützt haben, die mit mir diskutiert haben, die mich auf neue fachliche oder persönliche Erkenntnisse gestoßen haben, die mich durch interessierte und kritische Fragen in Erklärungsnot gebracht haben und die mir immer wieder gezeigt haben, wie wichtig und gefragt die Themen dieser Arbeit sind.

1 Einleitung

Im Praxissemester arbeitete ich in einer WfbM (Werkstätte für behinderte Menschen), in der oft gestraft wurde, wenn Menschen mit Behinderung gegen Regeln verstießen. Ich hatte den Eindruck, dass dies kein besonders effizienter Weg war, um das Ziel (der Bestrafung) zu erreichen. Noch dazu schien die Bestrafung dem entgegenzustehen, was ich als langfristige pädagogische Ziele empfinde, also z.B. Persönlichkeitsentwicklung, Selbstwertgefühl, Teilhabe, Mitbestimmung oder Bildung. Nachdem ich mich etwas mehr mit Strafen auseinandergesetzt hatte, fiel mir auf, wie wenig ich im Studium über den konkreten Umgang mit Regelverstößen und Konflikten im Alltag gelernt und nachgedacht hatte. Bestrafen und ähnliche auf Kontrolle ausgerichteten Erziehungsmittel (wie Schimpfen, Belehren, Belohnen) hatte ich in der Praxis als gängig und alternativlos erlebt und daher weitestgehend unreflektiert übernommen. Dabei wäre fachliche Reflexion gerade hier enorm wichtig. Im Folgenden wird zu sehen sein, dass Bestrafungen, Belohnungen und Bewertungen (in Form von Kritik, Schimpfen, aber auch Loben) abwerten und abhängig machen. Darum sind sie letztendlich als Ausübung von Macht und passiver Gewalt zu sehen. Damit widersprechen die oft alltäglichen pädagogischen Verhaltensweisen den Forderungen der UN-Behindertenrechtskonvention[1] nach Achtung vor Würde und Autonomie jedes Menschen.

---

[1] Die UN-Behindertenrechtskonvention wurde 2006 von der UN verabschiedet und ist seit 2009 in Deutschland völkerrechtlich verbindlich. Sie fordert unter anderem

Gleichzeitig scheinen viele Pädagoginnen ratlos zu sein, weil sie zwar gerne gewaltfreie Beziehungen aufbauen möchten, aber keine Alternativen zu traditionellen Methoden sehen, ohne ihre Verantwortung zu vernachlässigen. Während der Erstellung dieser Arbeit war auffällig, auf welch großes Interesse das Thema stieß: Sozialarbeiter, Lehrerinnen, Heilerziehungspfleger und sogar fachfremde Personen wollten diese Arbeit lesen. Doch nicht nur in der Ausbildung, sondern auch in der aktuellen wissenschaftlichen Diskussion scheint es kaum eine Reflexion über in der Praxis angewandte Erziehungsmittel und gewaltfreie Alternativen zu geben. Stephanie Lutz schreibt in ihrer Diplomarbeit über Strafen (im Allgemeinen), dass es nur wenig aktuelle Literatur in diesem Bereich gibt (Lutz 2012: 50–51). In meiner Recherche in Bezug auf Erwachsene mit geistiger Behinderung konnte ich gar keine passende Literatur finden. Zwar gibt es verschiedene Konzepte für den Umgang mit herausfordernden Verhaltensweisen wie Selbst- oder Fremdaggressionen, jedoch fand ich keine Vorschläge zum gewaltfreien Umgang mit weniger existenziellen unerwünschten Verhaltensweisen.

Mit ‚unerwünscht' sind in dieser Arbeit Verhaltensweisen gemeint, die von Pädagoginnen aus gutem Grund nicht akzeptiert werden können, z. B. weil sie gesundheits- oder fremdgefährdend sind, weil wichtige Regeln gebrochen werden oder weil sie Konflikte fördern. Oft ist dies jedoch nicht eindeutig. Darum ist es unabdingbar immer zu reflektieren, ob es eine Möglichkeit gibt, ein Verhalten zu akzeptieren oder die Rahmenbedingungen anzupassen. Entsprechende Überlegungen würden jedoch den Rahmen dieser Arbeit sprengen, darum werden sie hier bewusst ausgeklammert. Die Theorie scheint sich bereits mit dieser Thematik zu beschäftigen. Wie allerdings mit den Verhaltensweisen angemessen umgegangen werden kann, für die es keine Möglichkeit der Akzeptierung gibt, scheint kaum thematisiert zu werden. Dabei sind sowohl solche Verhaltensweisen als auch Reaktionen in Form von Strafe, Belohnung und Bewertung meiner Erfahrung nach in den meisten Einrichtungen Alltag. Sie belasten, wie im Folgenden zu sehen sein wird, sowohl Pädagoginnen als auch Menschen mit

---

Selbstbestimmung, Diskriminierungsfreiheit und Teilhabe für Menschen mit Behinderungen und signalisiert damit eine Abkehr von der bisherigen auf Fürsorge ausgerichteten Behindertenpolitik. (Bielefeldt 2009: 4)

Behinderungen - in Form von Frustration, Hilflosigkeit, Schuldgefühlen, Gewaltspiralen etc..

Um hierfür Lösungsvorschläge zu finden, nutzte ich darum Literaturrecherche in einem verwandten Gebiet. Im Bereich der Kindheitspädagogik gibt es sehr viele Ansätze zum gewaltfreien Umgang mit unerwünschtem Verhalten. Dies hängt wohl auch mit dem im Jahr 2000 in Kraft getretenen § 1631 Abs. 2 BGB zusammen, der Kindern ein Recht auf gewaltfreie Erziehung zusichert. Darum werden in dieser Arbeit die Gedanken aus dem Bereich der Kindheitspädagogik herangezogen, um Überlegungen für gewaltfreie Pädagogik gegenüber Erwachsenen mit geistiger Behinderung anzustellen. In den einzelnen Kapiteln werden entsprechende Ansätze zunächst für pädagogische Beziehungen mit Kindern vorgestellt. Am Ende jedes Kapitels werden Hypothesen formuliert, ob und wie die beschriebenen Zusammenhänge auf die Arbeit mit Menschen mit geistiger Behinderung übertragen werden können. In Kapitel 2 wird dieser Transfer näher erläutert und es werden entsprechende Kriterien erarbeitet.

Die konkreten Fragestellungen zu dieser Arbeit lauten also: *Wie wirken sich Bestrafung, Belohnung und Bewertung auf Kinder und auf Erwachsene mit geistiger Behinderung aus? Welche gewaltfreien Alternativen haben Pädagoginnen, um verantwortungsvoll alltäglichen Konflikten und unerwünschtem Verhalten zu begegnen oder diesen vorzubeugen?* Ziel dieser Arbeit soll es sein, sowohl pädagogischen Fachkräften als auch Laien Anregungen zu geben, um gute Beziehungen zu Erwachsenen mit geistiger Behinderung und Kindern aufzubauen. Vielleicht geben manche Vorschläge sogar den Anstoß, sich persönlich weiterzuentwickeln und über Beziehungen im alltäglichen Umfeld nachzudenken. Gleichzeitig können die Ergebnisse und aufgestellten Hypothesen Möglichkeiten für weiterführende Forschung bieten.

Für eine geschlechtergerechte Sprache wird im Folgenden auf geschlechtsspezifische Bezeichnungen so weit wie möglich verzichtet. Wo dies nicht möglich ist, wird in ungefähr gleichen Anteilen entweder die weibliche oder die männliche Form verwendet.[2]

---

[2] Ich schließe mich damit Margret Göth und Ralph Kohn in einem hier nicht weiter verwendeten Buch an: „Um einerseits weder Frauen noch Männer durch ein generisches Maskulinum oder ein generisches Femininum unsichtbar zu machen und

2 Erwachsene mit geistiger Behinderung und Kinder

In dieser Arbeit werden Überlegungen angestellt, wie Vorschläge zur Gewaltfreiheit in pädagogischen Beziehungen zu Kindern auf pädagogische Beziehungen zu Erwachsenen mit geistiger Behinderung übertragen werden können. Darum sollen in diesem vorbereitenden Kapitel relevante Gemeinsamkeiten und Unterschiede beider Personengruppen und der entsprechenden pädagogischen Beziehungen untersucht werden.

2.1 Kinder

Laut dem „Wörterbuch der Pädagogik" erstreckt sich Kindheit rechtlich gesehen bis zur Vollendung des 14. Lebensjahres, entwicklungstheoretisch gesehen bis zum Beginn der Geschlechtsreife (Böhm und Seichter 2018: 268). Die Auffassung von Kindheit ist kulturell und historisch geprägt, unterliegt stetigem Wandel und wird als ‚Konstruktion' der Kindheit bezeichnet (Böhm und Seichter 2018: 268). Aus pädagogischer Sicht gehört zur Kindheit, dass es Erwachsene gibt, die das Kind erziehen möchten. Dies ist gesetzlich als „Recht auf Erziehung" in § 1 Abs. 1 SGB VIII verankert: „Jeder junge Mensch hat ein Recht auf Förderung seiner Entwicklung und auf Erziehung zu einer eigenverantwortlichen und gemeinschaftsfähigen Persönlichkeit".

2.2 Erwachsene mit geistiger Behinderung

Geistige Behinderung wird von der Weltgesundheitsorganisation folgendermaßen definiert: „Ein Zustand von verzögerter oder unvollständiger

---

andererseits lesbar zu bleiben, werden im Text beide Formen in einem ungeplanten Wechsel verwendet" (2014: 2). Auch in der Übersetzung Dagmar Mißfeldts des im Folgenden häufig verwendeten Buches „Vom Gehorsam zur Verantwortung" wird so gegendert (Juul und Jensen 2009). Da die Unleserlichkeit des Genderns häufig kritisiert wird und vielleicht sogar Gefahr läuft, die wichtige Diskussion um Geschlechtergerechtigkeit in ein negatives Licht zu rücken, soll hier versucht werden, eine angenehme und doch gleichberechtigende Alternative aufzuzeigen. Außerdem lassen sich auf diese Weise direkte Zitate, die ausschließlich die männliche Form benutzen, ohne Veränderung in eine geschlechtergerechte Sprache integrieren.

Entwicklung der geistigen Fähigkeiten; besonders beeinträchtigt sind Fertigkeiten [...] wie Kognition, Sprache, motorische und soziale Fähigkeiten" (DIMDI 2013). Nach Wolfgang Jantzen[3] wird geistige Behinderung üblicherweise aufgeteilt in zwei Untergruppen. Bei der einen wird von Lernbehinderung gesprochen, die meist mit sozialen Ursachen in Verbindung gebracht wird (Jantzen 2016: 150–151). Auf der anderen Seite stehen mäßige, schwere und sehr schwere geistige Behinderung, hier wird meist von biologischen Ursachen ausgegangen (ebd. 150–151). Jantzen zweifelt dies an, er vermutet auch bei der zweiten Gruppe als Ursache soziale Gewalt in einer stupiden Umgebung[4] (ebd. 169). Er weist auf den Umstand hin, dass gehörlose Kinder vor ca. 100 Jahren relativ oft auch eine geistige Behinderung hatten, wenn sie in Institutionen lebten (ebd. 149). Die Ursache lag hier in Ausgrenzung und Hospitalisierung, also in der fehlenden Möglichkeit, an Sprache und Kultur teilzunehmen (ebd. 149). Jantzen hält solch eine Isolation generell für den Ursprung geistiger Behinderung (ebd. 149). „Ein Defekt [...] führt grundsätzlich zu einer veränderten Beziehung zu den Menschen und zur Welt. Sofern sich die Umgebung nicht auf die anderen Bedingungen seitens der Person einstellt, ist diese Person in einer Dauersituation sozialer Isolation. Und Isolation hat außerordentlich schädigende Folgen für den Aufbau der Persönlichkeit" (ebd. 22). Jantzen führt an, dass Menschen mit geistiger Behinderung häufig auch psychiatrische Diagnosen haben, „d.h. emotional gestört sind" (ebd. 164). Dies ist in Tabelle 1 im Anhang deutlich zu sehen: bei zunehmendem Grad der geistigen Behinderung nehmen körperliche Aggression, selbstverletzendes Verhalten und Destruktivität zu. Valerie Sinason[5] schreibt unter Bezug auf Rutter et al. auch, dass die Mehrheit der Menschen mit leichter geistiger Behinderung

---

[3] Wolfgang Jantzen war Professor für Behindertenpädagogik und Psychologie und ist Vorsitzender der Luria-Gesellschaft - Verein zur Förderung der wissenschaftlichen Grundlegung der Rehabilitation hirngeschädigter Menschen e.V. (Jantzen o. J.).

[4] Mit dem Begriff ‚stupide' bezieht sich Jantzen hier auf Valerie Sinason, Stupidität bedeutet nach ihr, „sich aufgrund von Angst von dem anderen emotional abzugrenzen, mit Techniken zu arbeiten, anstatt mit Empathie, d.h. mit Beziehungen arbeiten zu können" (Jantzen 2016: 168).

[5] Sinason war die erste Psychoanalytikerin, die mit Menschen arbeitete, die eine schwere oder sehr schwere geistige Behinderung haben (ebd. 167).

aus sehr benachteiligten sozialen Verhältnissen stammen (Sinason 2000: 28).

Was das Erwachsenenalter bei geistiger Behinderung ausmacht, wird vor allem im Vergleich zu Kindern deutlich, darum wird dies in Kapitel 2.4 aufgezeigt.

2.3 Benutzung des Begriffs der geistigen Behinderung

In dieser Arbeit wird bewusst von geistiger Behinderung gesprochen und auf Apostrophierung oder Euphemismen verzichtet. Es braucht klare Begriffe für eine Verständigung, ohne die weder fachlich noch politisch Verbesserungen für diese Personengruppe erzielt werden können (Theunissen, Hoffman und Plaute 2000: 127)[6]. Auch wenn der Begriff der geistigen Behinderung inzwischen stigmatisierenden Charakter hat, garantiert ein Etikettenwechsel keine Besserstellung der so bezeichneten Menschen, denn nicht die Begriffe diskreditieren, sondern Menschen und deren Einstellungen[7] (ebd. 127). So kommt es wohl auch, dass neu eingeführte Begriffe immer wieder innerhalb weniger Jahre negative Bedeutung erlangen (Sinason 1992: 40).[8] Der Begriff der geistigen Behinderung selbst wurde Ende der 50er Jahre von der Elterninitiative ‚Lebenshilfe' vorgeschlagen, um Begriffe wie ‚Schwachsinn' oder ‚Idiotie' aufgrund ihres stigmatisierenden Charakters abzulösen (Theunissen, Hoffman und Plaute 2000: 126). Auch Apostrophierung und „Sogenanntismus" (Kobi 2000: 73) können kritisch hinterfragt werden. Sie sind vielleicht der erste Schritt in dem, was Sinason „Euphemismusprozess" (1992: 40) nennt: es wird die Auffassung erkennbar, ein Begriff sei negativ besetzt und deswegen eigentlich nicht mehr zu gebrauchen. Doch Emil E. Kobi[9] kritisiert, dass man sich auf diese

---

[6] Georg Theunissen ist Professor für Geistigbehindertenpädagogik und Pädagogik bei Autismus (ifbfb 2017). Claudia Hoffmann ist wissenschaftliche Mitarbeiterin am Institut für Lernen unter erschwerten Bedingungen (Interkantonale Hochschule für Heilpädagogik 2013). Wolfgang Plaute ist Professor für Inklusion und Sonderpädagogik und Lektor für Sexualpädagogik (Plaute 2013: 18).

[7] Die Autoren beziehen sich hier auf O. Speck (Theunissen, Hoffman und Plaute 2000: 127).

[8] Auch aktuell neuen Begriffen, wie Lernbeeinträchtigung, sagt Sinason keine lange Lebensdauer voraus (Sinason 1992: 74).

[9] Emil E. Kobi war Dozent und Leiter des Instituts für Spezielle Pädagogik und Psychologie der Universität Basel (Kobi 2010: Klapptext).

Weise von einem Begriff distanziert, um ihn dann jedoch wieder zu benutzen (Kobi 2000: 74). Kobi spricht allgemein von einer Tendenz, geistige Behinderung und die damit beschriebene Personengruppe „durch Wortentzug, Tabuisierung und Entgrenzung aufzulösen" (ebd. 73). Dabei erkennt er keine zielgerichtete Aktion, sondern eher eine „Stimmungswelle im Mainstream gutmenschelnder Political und Pedagogical Correctness" (ebd. 73). Sinason vermutet dahinter eine Furcht, Unterschiede klar zu benennen (Sinason 1992: 52), z.B. aus einem Schuldgefühl gegenüber der Person mit Behinderung heraus, weil man selbst keine geistige Behinderung hat (ebd. 43).

Es ist zu fragen, was diese Prozesse für Menschen mit geistiger Behinderung bedeuten, z.B. in Bezug auf ihr Selbstbild oder ihre alltäglichen Interaktionen. Ihrer Einschränkung, die sie selbst wahrscheinlich täglich und sehr konkret erleben, wird anscheinend oft mit Unsicherheit und Sprachlosigkeit begegnet. Sie selbst werden mit einer Vielzahl von Begriffen bezeichnet. Die Aussage einer jungen Frau zeigt dies eindrücklich: „I've got Down's syndrome, special needs, learning disability and a mental handicap"[10] (ebd. 40). Dass Euphemismen dem Erleben der Betroffenen außerdem nicht gerecht werden, zeigt die Aussage eines Mannes mit Zererbralparese: „I wish I did have a learning difficulty; not being able to learn is the least of my problems"[11] (ebd. 40).

Unsicherheit und Sprachlosigkeit gegenüber Stigmata wie geistiger Behinderung sind nach Erving Goffman[12] die Regel (Goffman 1975: 28–29). Menschen bemühen sich gegenüber Stigmatisierten stark, kein offenes Erkennen des Stigmas zu zeigen (ebd. 56). Dies kann die Situation vor allem für die Stigmatisierten angespannt und unsicher machen (ebd. 56). Darum bemühen sich Menschen mit offensichtlichem oder bekanntem Stigma meist zu verhindern, „dass das Stigma sich zu mächtig aufdrängt. Es ist das Ziel des Individuums, Spannung zu vermindern, das heißt, es sich und den anderen zu erleichtern, das Stigma verstohlener Aufmerksamkeit zu entziehen und spontane Einbeziehung in den offiziellen Inhalt der Interaktion zu

---

[10] „Ich habe Down-Syndrom, besonderen Förderungsbedarf, Lernbeeinträchtigung und eine geistige Behinderung" (Übers. d. Verf.).
[11] „Ich wünschte ich hätte wirklich eine Lernbeeinträchtigung; nicht lernen zu können ist mein kleinstes Problem" (Übers. d. Verf.).
[12] Erving Goffman gehört zu dem meistgelesenen Soziologen (Goffman 2009: 2).

fördern" (ebd. 129). Das könnte in Bezug auf Menschen mit geistiger Behinderung bedeuten, dass sie die ganz selbstverständliche Benennung ihrer Behinderung (spontane Einbeziehung nach Goffman) als angenehmer empfinden als peinliches Schweigen oder Zögern, das durch die Suche nach Euphemismen zustande kommt. Sinason schlägt vor, zu unterscheiden zwischen Begriffen, die von vornherein herabwürdigende Bedeutung hatten, und solchen, die erst durch Bedeutungsveränderung als diskreditierend erlebt werden (Sinason 1992: 48). Der Begriff der geistigen Behinderung hatte wie oben beschrieben ursprünglich keinen negativen Charakter. In dieser Arbeit wird darum von Menschen mit geistiger Behinderung geschrieben.

2.4 Unterschiede und Gemeinsamkeiten

Um Vorschläge machen zu können, inwieweit die unten ausgeführten Inhalte von Kindern auf Erwachsene mit geistiger Behinderung übertragen werden können, sollen hier zunächst Unterschiede und Gemeinsamkeiten der beiden Personengruppen erörtert werden. Zunächst ist es jedoch wichtig zu betonen, dass Erwachsenen mit geistiger Behinderung und Kindern nicht gleichgesetzt werden. Gerade der Entwicklungsstand von Erwachsenen mit geistiger Behinderung scheint häufig mit dem von Kindern verglichen zu werden, indem ein ‚geistiges Alter' angegeben wird; dies ist jedoch kritisch zu sehen: „Geistigbehinderte sind nicht ‚Große Kinder' und werden durch derartige Vorstellungen in problematischer Weise infantilisiert" (Kobi 2000: 70). Der Vergleich mit Kindern ist aber nicht deswegen problematisch, weil eine Infantilisierung eine Herabsetzung von Menschen mit geistiger Behinderung bedeuten würde. Der Eindruck einer Herabsetzung kann nur dann entstehen, wenn von einem geringeren Wert der Vergleichsgruppe (in dem Fall der Kinder) ausgegangen wird. Die Übertragung von Prinzipien der Kindheitspädagogik auf die Arbeit mit Erwachsenen mit geistiger Behinderung ist allerdings dann problematisch, wenn Eigenschaften einer erwachsenen Person übergangen werden. Darum sollen in diesem Kapitel die Unterschiede und Gemeinsamkeiten beider Personengruppen ausführlich analysiert werden. In den darauffolgenden Kapiteln wird der Transfer bewusst in gesonderten Unterkapiteln stattfinden, um eine Vermischung zu vermeiden.

2.4.1 Lebenserfahrung

Ein erster offensichtlicher Unterschied zwischen Erwachsenen mit geistiger Behinderung und Kindern ist das Alter. Mit zunehmendem Alter geht eine steigende Lebenserfahrung einher. Auf wie viel mehr Erfahrungen Erwachsene mit geistiger Behinderung tatsächlich aktiv zurückgreifen können, kann hier nicht beantwortet werden, vor allem wegen der wahrscheinlich individuell sehr unterschiedlichen Antworten. Relevant für diese Arbeit ist, dass Erwachsene schon wesentlich länger durch ihre Umwelt beeinflusst und damit wohl auch verändert werden.

Für Menschen mit geistiger Behinderung sind oft viele dieser Erfahrungen negativ. Im Kapitel 2.2 wurde bereits gezeigt, dass der Großteil dieser Personengruppe in sozial benachteiligten Verhältnissen aufwächst oder durch organische bzw. genetische Normabweichungen soziale Isolation erfährt. Hinzu kommt die Belastung durch die geistige Behinderung selbst (Sinason 2000: 154). Wie hoch all diese Belastungen sind, zeigt die deutlich zunehmende Tendenz von körperlicher Aggression, selbstverletzendem Verhalten und Destruktivität bei zunehmendem Grad der geistigen Behinderung (siehe hierzu Tabelle 1 im Anhang) (Jantzen 2016: 165). Sowohl Jantzen (2016: 165) als auch Sinason (2000: 154) halten diese Verhaltensweisen für Kompensationen der Belastungen. Die Belastungen müssen also sehr hoch sein. Sinason spricht sogar davon, dass Traumata regelmäßig Teil eines Lebens mit Behinderung sind. „Wenn wir betrachten, welchen emotionalen Niederschlag geistige Behinderung findet, dann stoßen wir automatisch auf Verlust und Trauma. Beinahe jeder Patient, der überwiesen wird[13], fast jeder Fall, der in Supervisionsgruppen vorgestellt wird, spiegelt schmerzlich die zentrale Stellung des Traumas wider" (ebd. 29).

Ein wesentlicher Unterschied zwischen Kindern und Erwachsenen mit geistiger Behinderung ist also die Menge an (oft negativer) Lebenserfahrung.

---

[13] Sinason meint hier vermutlich Überweisungen in die Tavistock Klinik, in der sie als leitende Psychotherapeutin der Kinder-, Familien- und Erwachsenenabteilung viele Jahre mit Menschen mit geistiger Behinderung gearbeitet hat (Sinason 2000: Klapptext).

2.5 Gewalt und Ausgrenzung

Die gegenwärtige Erfahrung von Gewalt und Ausgrenzung scheint dagegen eine Gemeinsamkeit beider Personengruppen zu sein. Lothar Böhnisch[14] schreibt, dass in unserer Gesellschaft zwar Kinderfreundlichkeit hochgehalten wird, dass hierbei aber ein Widerspruch besteht zu alltäglicher, nicht eingestandener Kinderfeindlichkeit (Böhnisch 2017: 84). Das ,Wörterbuch der Pädagogik' schreibt ebenfalls von einer Tendenz zur Kinderfeindlichkeit, die sich z.B. in kinderfeindlicher Städteplanung, inhumanen Zügen der Schule und latenter physischer und psychischer Gewalt gegenüber Kindern zeigt (Böhm und Seichter 2018: 269). Grundlage hierfür sind die Dominanz Erwachsener gegenüber Kindern und die gesellschaftliche Orientierung auf Leistung, Konkurrenz und Profit (ebd. 269). Böhnisch schreibt, dass Erwachsene gegenüber Kindern zur emotionalen und körperlichen Macht verführt sind, weil außerhalb der Familie die Möglichkeiten der Selbstwertschöpfung schwinden (Böhnisch 2017: 83). Er bezieht sich auf Thiersch, der von der Gefahr spricht, dass Erwachsene sowohl ihre Position als auch ihren Vorsprung durch Alter, Erfahrung und Wissen nutzen, um das Erleben und die Selbständigkeit von Kindern zu unterdrücken (ebd. 83). Dies wird in Kapitel 3 und besonders in 3.4 noch deutlicher. Nach Annedore Prengel[15] begünstigt die zunehmende gesellschaftliche Spaltung die Tendenz der Gewalt gegenüber Kindern (Prengel 2002: 242). Sie bezieht sich auf das Bundesministerium für Familie, Senioren, Frauen und Jugend, laut dem Arbeitslosigkeit, Armut oder Wohnungsprobleme für Kinder große Risikofaktoren darstellen, Opfer von Gewalt zu werden (ebd. 241). In den reicheren Bevölkerungsschichten leiden Kinder dagegen unter großem Leistungsdruck (ebd. 242).

Auch Erwachsene mit geistiger Behinderung sind vielfach der Gefahr von Gewalt und Ausgrenzung ausgesetzt. Allein die Existenz einer UN-Konvention, die auf ihre Rechte aufmerksam macht, weist darauf hin. Nach Sinason werden für Menschen mit Behinderungen die schlechtesten Dienstleistungen und die schlechteste Infrastruktur bereitgestellt, auch in

---

[14] Lothar Böhnisch war Professor für Sozialpädagogik und Sozialisation, heute lehrt er Soziologie an der Freien Universität Bozen (Böhnisch 2017: 4).

[15] Der zitierte Beitrag von Annedore Prengel entstand im Kontext der neuen Gesetzgebung zur gewaltfreien Erziehung im Jahr 2000 (Prengel 2002: 233). Prengel ist Erziehungswissenschaftlerin (Klöpper 20. 11. 2013).

der medizinischen Versorgung (Sinason 2000: 19). Sie hält Verdrängung der eigenen Verletzlichkeit für die Ursache: „Wo etwas ernstlich nicht stimmt, was nicht repariert werden kann, fühlen wir uns offenbar häufig an unsere geistige und körperliche Gebrechlichkeit und Sterblichkeit erinnert" (ebd. 19). Darum erleben Menschen, die uns dies vor Augen führen, oft Ausgrenzung und Schuldzuweisungen (ebd. 19).

Es ist also eine Gemeinsamkeit von Erwachsenen mit geistiger Behinderung und Kindern, gesellschaftliche Ausgrenzung und Gewalt zu erfahren.

2.5.1 Bedürfnisse

Sowohl Erwachsene als auch Kinder (unabhängig von Behinderung) besitzen die gleichen grundlegenden menschlichen Bedürfnisse. Ein solches Grundbedürfnis ist bspw. Anerkennung, was in Kapitel 5.3 näher ausgeführt wird. Sowohl Erwachsene mit geistiger Behinderung als auch Kinder erfahren gesellschaftliche Ausgrenzung, Herabsetzung, Gewalt oder andere negative Erlebnisse, wie bereits im vorherigen Kapitel beschrieben wurde. Sie sind also vermutlich in besonderem Maße darauf angewiesen, dass sie im pädagogischen Kontext positivere Erfahrungen machen können in Hinblick auf ihre Bedürfniserfüllung. Außerdem benötigen sie Unterstützung dabei, sich gegen Strukturen zu wehren, die ihren Bedürfnissen entgegenstehen. Es ist also eine weitere Gemeinsamkeit, dass beide Personengruppen ähnliche grundlegende Bedürfnisse haben, denen Pädagogen besondere Aufmerksamkeit schenken sollten. Pädagogisches Handeln und die dahinter liegenden Werte sind damit also grundsätzlich die gleichen. Nach Jesper Juul und Helle Jensen[16] gilt dies sogar für alle helfenden Berufe. Sie schreiben in einem in dieser Arbeit häufig verwendeten Buch: „Die tragenden Werte und Begriffe in diesem Buch unterscheiden sich nicht wesentlich von denen, die wir für Gymnasium, Hochschule, Krankenhäuser, Altenpflege usw. als wertvoll erachten. Die notwendigen Qua-

---

[16] Jesper Juul wird als „einer der bedeutendsten Erziehungsexperten Europas" bezeichnet (Juul und Jensen 2009: Klapptext). Juul ist ein dänischer Familientherapeut, Bestseller-Autor, Lehrer und Konfliktberater. Er ist Gründer des ‚Kempler Institute of Scandinavia', in dem 80% der skandinavischen Lehrerinnen ihre pädagogischen Fähigkeiten weiterentwickeln, und Leiter des auch im deutschsprachigen Raum aktiven ‚familylab'. Helle Jensen ist Diplompsychologin, Familientherapeutin und als Konfliktberaterin am ‚Kempler Institute' tätig. (ebd. 2)

litäten der professionellen, interpersonalen Prozesse sind die gleichen, ungeachtet der unterschiedlichen Zielsetzungen, Inhalte, Rahmenbedingungen und Strukturen der Institutionen" (Juul und Jensen 2009: 14–15).

2.5.2 Fehlende Fähigkeiten und daraus resultierende Abhängigkeit

Eine weitere Gemeinsamkeit von Erwachsenen mit geistiger Behinderung und Kindern ist, dass ihnen im Vergleich zu Erwachsenen ohne Behinderung bestimmte Fähigkeiten fehlen. Dies weist zwar einerseits auf eine gesellschaftliche Konstruktion der verschiedenen Personengruppen hin: Die Gesellschaft definiert, welche Fähigkeiten ,normal' sind. Andererseits wird das Fehlen dieser Fähigkeiten wohl konkret im Alltag spürbar. Je nach Alter der Kinder oder Grad der Behinderung können bspw. ihre Entwicklung, ihre Gesundheit oder sogar ihr Leben von Erwachsenen ohne Behinderung abhängen. Dies rechtfertigt überhaupt erst Betreuung und pädagogische Interventionen, wie sie bspw. durch das oben genannte „Recht auf Erziehung" gesetzlich gefordert werden. Damit verhindert das Fehlen bestimmter Fähigkeiten Selbständigkeit und führt zu Abhängigkeit.

Kindern fehlt laut Juul und Jensen die Fähigkeit, sich selbst zu betreuen, und die Fähigkeit, die Verantwortung für die Qualität von Beziehungen zu Erwachsenen zu übernehmen (Juul und Jensen 2009: 104). Erwachsene mit geistiger Behinderung können sehr unterschiedliche Fähigkeiten und Defizite haben, was mit der großen Heterogenität innerhalb der Gruppe zusammenhängt. So schreibt die Weltgesundheitsorganisation bei schwerster geistiger Behinderung: „Die eigene Versorgung, Kontinenz, Kommunikation und Beweglichkeit sind hochgradig beeinträchtigt" (ebd.). Bei mittelgradiger geistiger Behinderung heißt es dagegen lediglich, dass ein unterschiedliches Maß an Unterstützung im Alltag benötigt wird (DIMDI 2013). Das scheinbare Fehlen bestimmter Fähigkeiten kann jedoch auch Ausdruck einer Kompetenz sein, unter bestimmten Bedingungen überleben zu können (Straßmeier 2000: 59–60).[17] Nach Jantzen (2016: 170) können außerdem alle pathologischen Besonderheiten als Kompetenzen auf

---

[17] So beschreiben Fischer et al. von der ,Harvard Graduate School of Education' Psychopathologie als hochentwickelte Fähigkeit, sich an schwierige Situationen anzupassen (Fischer u.a. 1997: 749). Sie erzählen beispielsweise von einem Mäd-

ihrem Entwicklungsniveau gesehen werden.[18] „Allerdings als einge-
schränkte Kompetenzen, durch die die Betroffenen zwar ihre unmittelbaren emotionalen Probleme lösen können, die sie jedoch andererseits in
eine soziale Situation führen, in der sie aufgrund gerade dieses Verhaltens
dann ausgegrenzt werden" (ebd. 170).

Eine Gemeinsamkeit ist hier also, dass Erwachsenen mit geistiger Behinderung und Kindern verschiedene Fähigkeiten fehlen, die sie abhängig machen von Menschen, die entsprechende Fähigkeiten haben und sie ggf. unterstützen können, selbst diese Fähigkeiten zu entwickeln.

2.5.3 Pädagogische Beziehungen

Mit dem Begriff ‚pädagogische Beziehungen' sind in dieser Arbeit sowohl
familiäre Beziehungen gemeint, als auch Beziehungen in pädagogischen
Kindereinrichtungen, als auch Beziehungen in heilpädagogischen Institutionen für Erwachsene mit geistiger Behinderung. In Bezug auf diese pädagogischen Beziehungen lassen sich sowohl Unterschiede als auch Gemeinsamkeiten finden. Der wichtigste Unterschied liegt darin, dass für die meisten Kinder die Eltern wichtigste Bezugspersonen sind, während Erwachsene mit geistiger Behinderung vermutlich größtenteils institutionell von
Fachpersonen betreut und unterstützt werden. Juul und Jensen machen als
Unterschied zwischen familiären und professionellen pädagogischen Beziehungen aus, dass die „entscheidende Qualität z. B. in Beziehungen von
Eltern und Großeltern zu Kindern und Enkeln von irrationalem, emotiona-
lem Charakter ist. Das trifft in gewissem Maß auch auf Fachleute zu. Bei
ihnen werden aber andere und höhere Ansprüche an ihre Rationalität, Ein-
sicht und ihren Überblick gestellt" (Juul und Jensen 2009: 168). Weil jedoch
auch Kinder institutionelle Beziehungen zu pädagogischem Fachpersonal

---

chen mit ‚dissoziativen Fähigkeiten' (ebd. 753). Solche dissoziative Störungen werden im Lexikon der Psychologie definiert als „Verlust oder Unterbrechung der in-
tegrativen Funktionen von Wahrnehmung, Gedächtnis und Bewusstsein" (Wirtz
2013: 393). Das Mädchen entwickelte die Dissoziationen während wiederholten
Vergewaltigungen, in denen sie sich vorstellte, außerhalb ihres Körpers und damit
getrennt von ihren aktuellen körperlichen Erlebnissen zu sein (Fischer u.a. 1997:
753).

[18] So zeigen Autoaggressionen beispielsweise ein Entwicklungsniveau an, in dem
man sich auf den eigenen Körper als Objekt beziehen kann (Jantzen 2016: 170).

haben, werden diese meist schon in den Kapiteln über Kinder miteinbezogen.

2.6 Pädagogische Ziele

Es konnten drei für diese Arbeit relevante Ziele von Pädagogik ausgemacht werden: Selbständigkeit, Selbstwertgefühl bzw. Selbstgefühl und Schutz der Integrität. Wie zu sehen sein wird, gelten sie für pädagogische Beziehungen sowohl mit Erwachsenen mit geistiger Behinderung als auch mit Kindern. Darum sind sie eine weitere Gemeinsamkeit zwischen beiden Personengruppen. Sie im Folgenden als pädagogische Ziele begründet, außerdem soll kurz Juuls Konzept des Selbstgefühls beschrieben werden, weil dies im deutschen Sprachgebrauch so nicht existiert.

2.6.1 Selbständigkeit

Die in dieser Arbeit vorgestellten Prinzipien werden dann als sinnvoll erachtet, wenn das Ziel von Pädagogik größtmögliche Selbständigkeit und Eigenverantwortung ist. Carl Rogers[19] schreibt: „Wenn das Ziel einer Erziehung die Schaffung gutinformierter Techniker ist, die absolut willfährig und ohne zu fragen alle Befehle einer konstituierten Autorität durchführen, dann ist die Methode, die wir beschreiben wollen, für diese Erziehung höchst ungeeignet" (Rogers 1972: 337). Der Gesetzgeber jedoch fordert in § 1 Abs. 1 SGB VIII eindeutig Erziehung zur Selbständigkeit: „Jeder junge Mensch hat ein Recht auf Förderung seiner Entwicklung und auf Erziehung zu einer eigenverantwortlichen und gemeinschaftsfähigen Persönlichkeit". [20] Gerade in einer Zeit, in der die Komplexität der Welt das Individuum vor immer größere Herausforderungen zu stellen scheint, sind diese Fähigkeiten vermutlich von großer Bedeutung. Dreikurs und Grey[21] schrieben be-

---

[19] Carl R. Rogers war Professor für Psychologie und Schüler des Freud-Schülers Otto Rank. In den vierziger Jahren begründete er die weltweit anerkannte ‚klientenzentrierte Psychotherapie' (Rogers 2010: 2).

[20] Dass auch Gemeinschaftsfähigkeit durch die hier vorgestellten Prinzipien ermöglicht wird, wird in Kapitel 4.5.3 verdeutlicht.

[21] Rudolf Dreikurs war ein international bekannter Psychotherapeut und unter anderem Leiter des Alfred-Adler-Instituts in Chicago. Loren Grey war Professor für Unterricht und auf Elternberatung spezialisierter Psychologe. (Dreikurs und Grey 1986: Klapptext)

reits 1986: „Heute, wo die Unterscheidungen zwischen Gut und Böse zunehmend schwieriger zu bestimmen sind, kann der einzelne seine Entscheidungen nicht mehr nur in einem anerkannten Rahmen von Regeln und Vorschriften treffen, er muss sich stärker nach eigenen Erfahrungen ausrichten" (Dreikurs und Grey 1986: 53). Die in dieser Arbeit vorgestellten Möglichkeiten zielen also darauf ab, die Selbständigkeit von Kindern zu fördern und ihnen die dafür nötigen Erfahrungen zu ermöglichen. Auch für Erwachsene mit geistiger Behinderung fordert die UN-Behindertenrechtskonvention in Art. 3 die Achtung ihrer Autonomie. Heiner Bielefeldt[22] schreibt: „Nach der Konvention gehören individuelle Autonomie und soziale Inklusion unauflöslich zusammen" (Bielefeldt 2009: 10). Die Vorschläge dieser Arbeit dienen also durch die Zielsetzung der größtmöglichen Selbständigkeit auch dem gesellschaftlichen Ziel der Inklusion von Menschen mit geistiger Behinderung.

2.6.2 Selbstwertgefühl und Selbstgefühl

Sich gegen Fremdbestimmung abzugrenzen gelingt nach Eva Zeltner[23] umso besser, je höher das Selbstwertgefühl eines Menschen ist (Zeltner 1993: 194). Umgekehrt können Selbständigkeit und Freiheit ohne Selbstwertgefühl nicht gelingen. Alice Miller[24] schreibt beispielsweise: „Was ein Kind, das keine Achtung für sich erfahren und deshalb auch in sich nicht entwickeln konnte, mit der ‚befreiten' Sexualität macht, können wir auf dem ‚Babystrich' und in der Drogenszene sehen. Dort lernt man u. a. auch, in welche verhängnisvolle Abhängigkeiten (von anderen Menschen und vom Heroin) die ‚Freiheit' der Kinder führt, die keine ist, solange sie mit der eigenen Entwürdigung einhergeht" (Miller 1983: 201). Positive Selbstach-

---

[22] Bielefeldt ist Direktor des Deutschen Instituts für Menschenrechte (Bielefeldt 2009: 2).
[23] Eva Zeltner ist Lehrerin, Heilpädagogin und freischaffende Psychologin (Zeltner 1993: Klapptext).
[24] Alice Miller studierte Philosophie, Psychologie und Soziologie. Ihre Praxis und Lehrtätigkeit als Psychoanalytikerin gab sie nach 20 Jahren auf, um zu schreiben. In ihren 13 Büchern machte die breite Öffentlichkeit mit den Ergebnissen ihrer Kindheitsforschungen zu Kindesmisshandlungen bekannt (Miller 1983: 2; Miller 2018).

tung ist jedoch nicht nur eine Voraussetzung für die Fähigkeit zur Selbstbestimmung, sie führt nach Thomas Gordon[25] auch zu Motivation, Leistungsstreben, erhöhtem IQ, mehr Wissen, mehr Lebensfreude und größerer seelischer Gesundheit (Gordon 1993: 186–187). Juul und Jensen schreiben außerdem, dass Menschen in der postmodernen Gesellschaft mit ihren Veränderungen, unvorhersehbaren Schwierigkeiten und ihrer Wertepolarisierung für einen inneren Halt persönliche Integrität und Selbstgefühl brauchen (Juul und Jensen 2009: 13).

Das Konzept des Selbstgefühls erweitert das des Selbstwertgefühls. Es geht einerseits darum, sich so, wie man ist, als wertvoll zu empfinden (Juul 2006: 96). Andererseits geht es auch darum, sich selbst gut zu kennen (ebd. 96). Das Selbstgefühl hat damit sowohl eine *quantitative* als auch eine *qualitative* Dimension: „Bei der quantitativen Dimension geht es darum, wie viel und wie gut wir über uns selbst Bescheid wissen, uns selbst kennen. [...] In der Umgangssprache nennen wir es Selbsterkenntnis. Bei der qualitativen Dimension geht es darum, wie wir uns dem gegenüber verhalten, was wir über uns selbst wissen" (Juul und Jensen 2009: 79). Juul grenzt das Selbstgefühl ab gegenüber Selbstvertrauen. Bei Selbstvertrauen geht es darum, wie gut, tüchtig, dumm oder schlecht sich jemand fühlt – es ist also eine eher äußere, angelernte Qualität, die mit Leistung zusammenhängt (Juul 2006: 97–100). Selbstgefühl dagegen ist ein tiefgreifendes Gefühl, wertvoll zu sein, so wie man ist (ebd. 96). „Wir kennen das gesunde, gut ausgeprägte Selbstgefühl als ein Gefühl des In-sich-Ruhens, Sich-Wohlfühlens. Geringes Selbstgefühl wird als konstantes Gefühl von Unsicherheit, Selbstkritik und Schuld erlebt. Das Fundament des Selbstgefühls lässt sich vielleicht am besten kurz mit dem Erleben beschreiben, das die meisten frischgebackenen Eltern hatten, wenn sie zum ersten Mal ihr schlafendes Baby betrachteten: das Gefühl, dass dieser neue Mensch etwas Wunderbares und Wertvolles ist, und zwar ganz allein deshalb, weil er ist!" (Juul 2006:

---

[25] Der Psychologe Thomas Gordon arbeitete eng mit Carl Rogers an der Entwicklung der personenzentrierten Psychotherapie zusammen und übertrug diese Prinzipien auf andere Personengruppen (Gordon 1993: 225–226). So lehrte er sowohl Eltern und Lehrer als auch Führungskräfte diese Kommunikations- und Konfliktlösungsmethoden, entwickelte das weltweit bekannte Gordon-Modell und wurde mehrmals für den Friedensnobelpreis nominiert (Gordon Training International 2016).

96). Selbstgefühl macht Menschen weniger verletzbar und steigert Lebensfreude und Lebensqualität (ebd. 110).

Nach Juul und Jensen (2009: 324) sind Eltern und Pädagoginnen dafür verantwortlich, dass Kinder ihr Selbstgefühl sowohl quantitativ als auch qualitativ entwickeln. Dafür braucht es vor allem den Wille und die Fähigkeit, das ganze Kind in die Beziehung zu integrieren (ebd. 362). Da Selbstgefühl für alle Menschen relevant ist, gilt dies für Kinder genauso wie für Erwachsene mit geistiger Behinderung. Es gilt allerdings zu bedenken, dass Erwachsene mit geistiger Behinderung in ihrem Leben oft viele negative, nicht wertschätzende und exkludierende Erfahrungen machen und wenig realistische Rückmeldungen bezüglich ihrer Behinderung bekommen, was in den Kapiteln 2.3 und 2.4.1 gezeigt wurde. Darum haben sie tendenziell wenige Möglichkeiten, sich selbst als wertvoll zu erleben oder ihre Selbsterkenntnis zu entwickeln – also die qualitative und quantitative Dimension des Selbstgefühls. Vermutlich brauchen viele deswegen besondere Unterstützung, um ihr Selbstgefühl entwickeln zu können.

2.6.3 Integrität

Das Wörterbuch übersetzt Integrität mit Unversehrtheit. Juul definiert Integrität als einen „Sammelbegriff für die physische und psychische Existenz des [Menschen]: für Selbständigkeit, Grenzen, Unverletzbarkeit, Eigenart, ‚Ich‘, Identität" (Juul 2006: 55). An anderer Stelle beschreibt er sie als „Treue zu sich selbst, Ausrichtung nach inneren Werten und Maßstäben, psychische und physische Unversehrtheit" (Juul 2009: 53). Integrität besteht also aus den eigenen Gefühlen, Werten und Gedanken (ebd. 55). Dabei ist zu unterscheiden zwischen zentralen Bedürfnissen, persönlichen Grenzen, kostbarsten Werten einerseits und zufälliger Lust, Gewohnheit, fixer Idee, verfestigter Meinung andererseits – letztere sind nicht Teil der Integrität (ebd. 51). Relevant ist dabei auch, wie viel Respekt man selbst und andere diesen innersten Gefühlen, Werten und Gedanken entgegenbringen (ebd. 55).

Juul und Jensen halten die Förderung der Integrität für das natürliche Ziel in der heutigen Pädagogik (Juul und Jensen 2009: 46). „Wesentliches Versagen und ernsthafte oder wiederholte geringere Verletzungen verzerren oder hemmen die gesunde Entwicklung des Kindes" (ebd. 62). Sie fordern darum, dass Integrität höher bewertet wird als die konkreten pädagogischen Ziele und dass Methoden und Rahmenbedingungen vermieden werden, die die Integrität eines Kindes verletzen und bewusst seine Grenzen übertreten (ebd. 135). Auch die UN-Behindertenrechtskonvention fordert in Art. 17: „Jeder Mensch mit Behinderungen hat gleichberechtigt mit anderen das Recht auf Achtung seiner körperlichen und seelischen Unversehrtheit". Damit ist der Schutz der Integrität auch in pädagogischen Beziehungen zu Erwachsenen mit geistiger Behinderung unabdingbar.

Die Achtung der Integrität eines Kindes fördert sein Selbstgefühl: „Ein Kind, das in Verhältnissen aufwächst, wo die Erwachsenen sehr bewusst für seine Integrität sorgen und seine eigenen Versuche, sich abzugrenzen und zu definieren, respektieren, hat eine optimale Grundlage, ein gesundes [Selbstgefühl] zu entwickeln" (ebd. 78). Auch die Fähigkeiten, persönliche Entscheidungen zu treffen, die eigenen Bedürfnisse und Grenzen zu kennen und diese zum Ausdruck zu bringen, hängen eng mit Integrität zusammen (ebd. 105).

Für Erwachsene mit geistiger Behinderung hat der (fehlende) Schutz der Integrität vermutlich ähnliche Auswirkungen wie für Kinder. Das Schutzbedürfnis hängt bei Kindern mit einer existenziellen Verwundbarkeit zusammen (ebd. 172–173). Auch bei Menschen mit geistiger Behinderung wird von besonderer Vulnerabilität gesprochen, die nach Theunissen (2007: 372–373) durch individuelle Voraussetzungen, ungünstige soziale Bedingungen und mangelnde Möglichkeiten der Resilienzentwicklung entsteht. Kinder können von Geburt an ihre Integrität zeigen und darauf aufmerksam machen, wenn diese verletzt wird (Juul 2006: 161; 57). Bei Erwachsenen mit geistiger Behinderung muss davon ausgegangen werden, dass sie oft schon viele Integritätsverletzungen erlebt haben. Vielleicht geben manche es darum auf, deutlich auf ihre Integrität aufmerksam zu machen oder sind verwundbarer gegenüber erneuten Integritätsverletzungen. Beides könnte für pädagogisches Handeln bedeuten, dass bei einigen Erwachsenen mit geistiger Behinderung besondere Aufmerksamkeit auf ihre Integrität gerichtet werden sollte. Auch bei Kindern hängen ihre psychologische Entwicklung und im Extremfall auch ihr physisches Leben davon ab, dass Erwachsene ihre Signale bezüglich ihrer Integrität verstehen und dementsprechend handeln können (Juul und Jensen 2009: 62).

Um für die Integrität eines anderen Menschen sorgen zu können, braucht es Empathie (Juul 2009: 54), Interesse für das Gegenüber (ebd. 58) und die

Bereitschaft ihn zu sehen, zu hören und ernst zu nehmen (Juul und Jensen 2009: 58). Auf diese Fähigkeiten wird in Kapitel 5 zu gleichwürdigen Beziehungen eingegangen.

3 Strafe, Belohnung und Bewertung als Gewalt

Im Folgenden sollen nun Erziehungsmethoden beleuchtet werden, die häufig eingesetzt werden, aber negative Folgen für das Kind, die Beziehung oder sogar die Pädagogin haben. Dies gilt sowohl für Bestrafung, als auch für Belohnung und verschiedene Formen der Bewertung. Es wird begründet, warum diese als Einsatz von Macht und Gewalt angesehen werden können. In einem abschließenden Unterkapitel findet ein Transfer zu pädagogischen Beziehungen mit Erwachsenen mit geistiger Behinderung statt, genauso wie am Ende aller folgenden Kapitel.

3.1 Gewalt

Arun Ghandi[26] beschreibt, was er von seinem Großvater Mahatma Ghandi lernen durfte (Ghandi 2009: 9). Für diesen existierte nicht nur körperliche Gewalt, sondern auch passive: Passive Gewalt ruft emotionale Verletzungen hervor (ebd. 10). Dies erzeugt Ärger im Opfer, das darauf gewalttätig reagiert, und darum führt passive Gewalt letztlich zu körperlicher Gewalt (ebd. 10). Auch Marshall B. Rosenberg[27] bezieht sich in der Definition von Gewaltfreiheit in der Kommunikation auf Mahatma Ghandi: „Er meint damit unser einfühlendes Wesen, das sich wieder entfaltet, wenn die Gewalt in unseren Herzen nachlässt. Wir betrachten unsere Art zu sprechen vielleicht nicht als ‚gewalttätig', dennoch führen unsere Worte oft zu Verletzung und Leid – bei uns selbst oder bei anderen" (Rosenberg 2009: 22).
Auch der Gesetzgeber versteht unter Gewalt mehr als körperliche Angriffe. Der § 1631 Abs. 2 BGB lautet: „Kinder haben ein Recht auf gewaltfreie Erziehung. Körperliche Bestrafungen, seelische Verletzungen und andere entwürdigende Maßnahmen sind unzulässig". Damit hat der Gesetzgeber also nicht nur festgelegt, dass körperliche Strafen verboten sind – auch psychische Verletzungen oder Entwürdigungen dürfen sie nicht ersetzen

---

[26] Arun Ghandi gründete das M.K.-Gandhi-Institut für Gewaltlosigkeit (Ghandi 2009: 9).
[27] Der Konfliktmediator Marshall B. Rosenberg entwickelte die Gewaltfreie Kommunikation (Rosenberg 2009: Klapptext).

(Prengel 2002: 233). Prengel nennt als seelische Verletzungen unter anderem Verweigerung von Zeit oder Zuwendung, Beschimpfen, lächerlich machen, Bedrohen, aber auch Mangel an Grenzziehung, Fehlen einer transparenten Ordnung und Sprunghaftigkeit zwischen verschiedenen Erziehungsstilen (ebd. 240).

3.2 Macht

Um die Bedeutung von Gewalt in pädagogischen Beziehungen zu verstehen, muss die ungleiche Beziehung zwischen Erwachsenen und Kindern betrachtet werden, die durch die Macht der Erwachsenen zustande kommt. Der Duden definiert Macht unter anderem als „Gesamtheit der Mittel und Kräfte, die jemandem oder einer Sache andern gegenüber zur Verfügung stehen" (Bibliographisches Institut 2018). Wie bereits in Kapitel 2.4.4 gezeigt, fehlen Kindern bestimmte Fähigkeiten, was sie von Erwachsenen abhängig macht. In den Bereichen, in denen Kinder sich ihre Bedürfnisse nicht (oder nicht so gut wie Erwachsene) selbst erfüllen können, verfügen Erwachsene darum über Machtmittel (Gordon 1993: 49). Damit ist Macht in pädagogischen Beziehungen allgegenwärtig. In Familien beispielsweise liegt nicht nur die ökonomische Macht bei den Erwachsenen, sondern auch die psychologische Macht, die den Umgangston und die Atmosphäre betrifft (Juul 2009: 26). Allerdings sei dieses Machtverhältnis nach Juul zunächst nicht negativ zu bewerten, denn es sei begründbar: „Kinder kommen gewiss mit großer Weisheit, doch ohne Erfahrung auf die Welt, und sie bedürfen der Autorität und Führungskraft der Erwachsenen" (ebd. 26). Es senke sogar das Wohlergehen aller Beteiligten, wenn Erwachsene ihre Macht ignorierten (ebd. 26). Die Frage sei daher nicht, *ob* sie ihre Macht einsetzen sollten, sondern *wie* sie dies zum Wohle aller tun könnten (ebd. 26). Hier geht es also um die Frage, ob Erwachsene Gewalt einsetzen sollten, um ihre Macht auszuüben. „Die einzige Macht, von der die Eltern sich notwendigerweise werden verabschieden müssen, ist die diktatorische Macht" (Juul 2006: 110).

Gordon differenziert hier näher zwischen *Einfluss* und *Kontrolle*. Er spricht zunächst nicht von einem Machtverhältnis, sondern von ‚Autorität', und beschreibt vier verschiedene Formen: auf Erfahrung beruhende Autorität, auf Stellung oder Titel beruhende Autorität, auf informellen Verträgen beruhende Autorität und auf Macht beruhende Autorität (Gordon 1993: 37–40). Die ersten drei, die in Kapitel 6.2 genauer beschrieben werden, können wirksamen *Einfluss* ausüben, während machtbezogene Autorität oft unwirksam bleibt und der Erwachsenen-Kind-Beziehung schadet (ebd. 43–44). Das hängt damit zusammen, dass Kinder diese ‚M-Autorität‘, wie Gordon sie nennt, nicht respektieren, sondern höchstens fürchten (ebd. 42). Im Folgenden wird der Begriff ‚Macht‘ nach Gordon verwendet als eine Ausübung der Autorität, die auf *Kontrolle* abzielt. Hierbei streben die Kontrollierenden eine Position an, von der aus sie die Kontrollierten zu etwas zwingen können, sodass diese gehorsam sind (ebd. 47). Davon zu unterscheiden sind Möglichkeiten der nicht-manipulativen *Beeinflussung*, der Verantwortungsübernahme und der Führung, die auch Juul wie oben beschrieben befürwortet. Im Folgenden soll es also ausdrücklich nicht um eine Laissez-faire-Erziehung gehen, in der Erwachsene ihre Verantwortung ignorieren. Es soll darum gehen, wie Pädagoginnen die Führung übernehmen können ohne Macht und Gewalt anzuwenden.

3.3 Bestrafung und Belohnung als Machtmittel

Die Macht von Erwachsenen kommt dadurch zustande, dass ihnen gegenüber Kindern bestimmte Machtmittel zur Verfügung stehen (Gordon 1993: 49). Diese Machtmittel sind einerseits Strafen und andererseits Belohnungen: „Über die Belohnungen zu verfügen – die Mittel, ein Bedürfnis des zu Kontrollierenden zu erfüllen -, ist der eine Stützpfeiler in der Macht des Kontrolleurs. [...] Die andere Quelle von Macht besteht in der Verfügung über die Mittel, dem Kind Schmerz, Mangel oder Unannehmlichkeiten zuzufügen" (ebd. 49). Darum sollen diese Machtmittel im Folgenden näher betrachtet werden. Nach den Definitionen beider Machtmittel wird zunächst auf negative Auswirkungen des Einsatzes von Machtmitteln im Allgemeinen eingegangen. Daraufhin werden negative Folgen aufgezeigt, die speziell auf Bestrafung bzw. Belohnung zutreffen.

3.3.1 Definition von Strafe

Strafen werden von Gordon charakterisiert als Handlungen, die dem Kind bewusst Schmerz, Mangel oder Unannehmlichkeiten zufügen, und zwar in der Intention, das Kind zu kontrollieren (Gordon 1993: 47; 49). Damit fallen viele Strafen (und auch schon deren Androhung) unter den § 1631 Abs. 2 BGB, der Kindern ein Recht auf gewaltfreie Erziehung zusichert und körperliche Bestrafungen, seelische Verletzungen und andere entwürdigende Maßnahmen verbietet. Rosenberg drückt sich in seiner Beschreibung von

Strafen noch drastischer aus: „Die Absicht der bestrafenden Machtausübung ist es, Menschen für ihre scheinbaren Missetaten leiden zu lassen"
(Rosenberg 2009: 181). Dieses Verständnis von Strafe ist wahrscheinlich
die Ursache dafür, dass der Begriff ‚Strafe' in der Pädagogik unbeliebt ist.
In einem Artikel zu den Ergebnissen einer Studie der Fachhochschule Dort-
mund zu Strafen in der Stationären Erziehungshilfe steht: „Der Begriff wird
in der pädagogischen Theorie gemieden. Andere Begriffe haben ihn ersetzt" (Günder, Müller-Schlotmann und Reidegeld 2007: 1). Auf die Frage,
welche alternativen Formulierungen in der Praxis verwendet werden,
wurde mit 52% am häufigsten ‚logische Konsequenz' genannt (ebd. 3).
Der Begriff ‚logische Konsequenz' wird teilweise als alternatives Konzept
zur ‚Strafe' verstanden. Es gibt Definitionen von Strafe, die sie explizit unterscheiden von ‚logischen Konsequenzen' oder auch ‚natürlichen Folgen'
(Ostermeier 1980: 59). Ewald Bohm bspw. schließt es ausdrücklich aus seiner Kritik an Bestrafung aus, wenn Erwachsene die natürlichen Folgen eines unerwünschten Verhaltens eintreten lassen (ebd. 59). Nach Erich Ostermeier[28] bezieht sich Bohm dabei auf die ‚natürlichen Folgen' bei
Rousseau (ebd. 59). Rousseau meint damit sowohl Folgen, die *von selbst*
eintreten, als auch von Erwachsenen *arrangierte* Konsequenzen (Lutz 2012:
47). Dreikurs, Cassel[29] und Grey differenzieren hier. Sie nennen Folgen nur
dann *natürlich*, wenn sie von selbst und ohne bewusstes Eingreifen der Erwachsenen eintreten (Dreikurs und Cassel 1974: 63). Ein Beispiel könnte
sein, dass ein Kind hinfällt, weil es vergisst, seine Schnürsenkel zuzubinden
(Gordon 1993: 60). Wenn Erwachsene jedoch bewusst ein unangenehmes
Ergebnis herbeiführen, das sich logisch aus dem unerwünschten Handeln
des Kindes ergibt, nennen sie dies *logische* Folgen (Dreikurs und Cassel
1974: 63, Dreikurs und Grey 1986: 53). Gordon beschreibt ein Beispiel von
Dreikurs: „Ein Kind kommt zu spät zum Essen, und die Eltern verkünden,
das Kind müsse die logische Konsequenz tragen und ohne Essen ins Bett

---

[28] Der Diplom-Pädagoge Erich Ostermeier stellt in dem hier verwendeten Buch die
Lohn- und Strafdiskussion der psychoanalytisch orientierten Pädagogik vor
(Lockowandt 1980: 6–7). Er stützt sich hierbei auf Beiträge der ‚Zeitschrift für psychoanalytische Pädagogik (ebd. 7), unter anderem von Ewald Bohm.
[29] Pearl G. Cassel war Lehrerin (Rückriem 1974: 7).

gehen" (Gordon 1993: 60). Dreikurs und Grey sehen logische, also von Erwachsenen arrangierte, Folgen als Alternative zur Strafe (Dreikurs und Grey 1986: 57–62).[30]

Doch dieses Konzept des *Arrangierens* von natürlichen (Rousseau) bzw. logischen (Dreikurs) Folgen wird von verschiedenen Seiten stark kritisiert. So bemängelt Gordon (1993: 59), dass es sich hierbei um eine extrinsische (äußere) Motivation handelt, durch die Kinder keine Selbstdisziplin lernen können. Den Begriff der logischen Konsequenz hält er für einen bloßen Euphemismus (ebd. 61). Dieser soll die Schuldgefühle mildern, die Erwachsene immer haben, wenn sie strafen (ebd. 61). Dass Erwachsene beschließen, dem Kind auf Grund eines unerwünschten Verhaltens etwas Negatives zuzufügen, ist für Gordon keine logische Konsequenz: „Ich bin der Meinung, dass es überhaupt nicht logisch ist, dass mein Kind ohne Essen ins Bett geschickt wird, wenn es zu spät zur Mahlzeit kommt. In unserer Familie könnte die Folge (die mir ganz ‚natürlich' scheint) sein, dass meine Tochter einen kalten Schnack isst [...]. Aber ohne Essen ins Bett geschickt zu werden!" (ebd. 61). Auch Ostermeier kritisiert das Arrangieren von natürliche Folgen nach Rousseau (Ostermeier 1980: 59). Erwachsene kommen dabei in die Gefahr des Täuschens, womit sie ihre Glaubwürdigkeit verlieren und die Beziehung langfristig beschädigen können (ebd. 59). Miller nennt Rousseaus Pädagogik sogar „im tiefsten Sinne manipulatorisch" (Miller 1983: 118).

Nicht kritisiert jedoch werden von selbst eintretende Folgen (also natürliche Folgen nach Dreikurs). Gordon schreibt: „Offensichtlich lernen alle Kinder viele ihrer wichtigen Lektionen auf diese Weise [...] und das ist in Ordnung" (Gordon 1993: 60). Dadurch bauen Kinder Selbstkontrolle auf (also bezogen auf das obige Beispiel, in dem ein Kind durch ungebundene

---

[30] Sie grenzen Strafen und logische Folgen klar voneinander ab: „1. Logische Folgen drücken die Wirklichkeit des gesellschaftlichen Lebens, nicht der Person, aus; Strafe drückt Macht der persönlichen Autorität aus. [...] 2. Die logische Folge ist logisch mit dem Fehlverhalten verknüpft, die Strafe ist es selten [...]. 3. Logische Folgen enthalten kein Element moralischen Urteils; Strafe dagegen häufig [...]. 4. Logische Folgen befassen sich mit dem, was gerade geschieht; Strafen dagegen mit der Vergangenheit. [...] 5. Die Stimme ist freundlich, wenn Folgen beschworen werden; in der Bestrafung liegt, offen oder versteckt, Gefahr" (Dreikurs und Grey 1986: 57–62).

Schuhe hinfällt: ‚Nächstes Mal binde ich die Schuhe zu!') (ebd. 60). Die Erwachsenen-Kind-Beziehung wird hierdurch nicht beschädigt (ebd. 60).

Der Begriff ‚Strafe' schließt darum in dieser Arbeit alle Entscheidungen von Erwachsenen ein, die einem Kind bewusst Leid zufügen mit der Intention, unerwünschtes Verhalten des Kindes zu ändern. Damit sind auch von Erwachsenen arrangierte ‚logische' Folgen eingeschlossen.[31]

3.3.2 Definition von Belohnung

Belohnung beschreibt Gordon als Versuch, ein bestimmtes Verhalten zu erzielen, indem Erwachsene dafür sorgen, dass die Folgen dieses Verhaltens für das Kind positiv wirken (ebd. 52). Belohnung wirkt zunächst wie die positive Alternative zur Bestrafung. Gordon schreibt 1993, dass Goldsternchen, Punktesysteme, Versprechungen, Noten oder der Nachtisch nach dem gegessenen Gemüse weit verbreitet sind (ebd. 64). Auch heute scheinen sich solche Belohnungssysteme großer Beliebtheit zu erfreuen. Im Folgenden wird jedoch zu sehen sein, dass auch solche Belohnungen viele negative Effekte haben.

3.3.3 Kritik an Machtmitteln im Allgemeinen

Ohne den (angedrohten) Einsatz von Machtmitteln kann keine kontrollierende Macht ausgeübt werden (ebd. 49). Der Einsatz der Machtmittel Strafe und Belohnung setzt voraus, dass die Kontrollierenden in der Lage sind, den Kontrollierten Bedürfnisse zu verweigern oder ihnen Bedürfnisse zu erfüllen, die diese sich selbst nicht befriedigen können (Gordon 1993: 55). Um Machtmittel nutzen zu können, braucht es also einen Zustand der Abhängigkeit, indem sich die Kontrollierten bestimmte Bedürfnisse nicht selbst erfüllen können und soweit in der Beziehung eingesperrt sind, dass sie einer Bedürfnisverweigerung (Strafe) nicht entgehen können (ebd. 55–56). Werden Kinder älter und selbständiger, können sie immer weniger im dafür erforderlichen Zustand der Abhängigkeit gehalten werden (ebd. 56). Sie können sich zunehmend mehr Bedürfnisse selbst erfüllen, die Erwachsenen verlieren langsam ihre Machtmittel und damit ihre Macht (ebd. 56).

---

[31] Trotz der Kritik an logischen Folgen scheinen andere von Dreikurs et al. beschriebene Aspekte sehr nachvollziehbar und sinnvoll. Auch Gordon schreibt trotz seiner oben zitierten Kritik von „zahlreichen vernünftigen Prinzipien bei der Dreikurs-Methode" (Gordon 1993: 59). Darum werden noch einige Aussagen von Dreikurs et al. im weiteren Verlauf in dieser Arbeit verwendet werden.

Nach ausschließlicher Nutzung von Macht und *Kontrolle* haben Erwachsene aber dann keine Fähigkeiten entwickelt, nachhaltigen *Einfluss* auf Kinder auszuüben (ebd. 113). Wahrscheinlich haben sie bis dahin auch die Möglichkeit dazu verspielt, denn der Einsatz von Machtmitteln hat negative Folgen für die Erwachsenen-Kind-Beziehung.

In seinen Elternkursen bat Gordon die Teilnehmenden aufzuschreiben, wie sie selbst als Kind mit dem Machteinsatz seitens Erwachsener umgegangen waren (ebd. 123). Die daraus resultierende Liste war in jedem Kurs fast identisch und zeigt, dass durch Machtausübung Verhalten provoziert wird, das sowohl der Beziehung als auch dem Kind selbst schaden kann: 1. Widerstand, Trotz; 2. Rebellion; 3. Vergeltung; 4. schlagen, angreifen; 5. Regeln brechen; 6. Wut; 7. lügen; 8. andere beschuldigen; 9. andere tyrannisieren; 10. sich gegen einen Erwachsenen verbünden; 11. einschmeicheln; 12. Rückzug; 13. Rivalität, nicht verlieren können; 14. aufgeben, sich besiegt fühlen, faulenzen, trödeln; 15. von zu Hause oder der Schule fortbleiben; 16. schweigen, den Erwachsenen abschreiben, Distanz; 17. weinen, schreien, Hoffnungslosigkeit; 18. Angst; 19. ständig nach Anerkennung suchen; 20. psychosomatische Beschwerden entwickeln; 21. zu viel oder zu wenig essen; 22. unterwürfig, angepasst sein; 23. Alkohol-/Drogenkonsum; 24. täuschen (ebd. 123–124). Dies zeigt, dass Machtmittel kaum zum erwünschten Verhalten führen und stattdessen viele weitere unerwünschte Verhaltensweisen hervorrufen können. Der Versuch, Widerstand, Aggressionen oder Betrug durch Machtmittel zu unterbinden, kann also genau diese Verhaltensweisen sogar noch verstärken.

An dieser Liste wird auch deutlich, dass Menschen, die Machtmittel (also Strafe und Belohnung) nutzen, selbst in eine sehr unangenehme Position kommen. Sie müssen mit hartnäckigem Widerstand, Rebellion und Angriffen (auf ihre Person und Position) rechnen (ebd. 114). Die aufrichtige Kommunikation mit ihnen nimmt unübersehbar ab, sodass sie die Kinder kaum kennen und Probleme nicht ausmachen können (ebd. 117). Aufgezwungene Entscheidungen motivieren außerdem kaum (ebd. 115). Um sicherzustellen, dass ihre Entscheidungen dennoch umgesetzt werden, müssen sie die Kinder überwachen und Machtkämpfe austragen mit denen, die sich nicht fügen (ebd. 114). Autoritär vorgehende Führungskräfte bspw. nehmen ihre Arbeit nicht nur als belastend wahr, sie schadet auch ihrer körperlichen und seelischen Gesundheit und führt z.B. zu hohem Blutdruck, Magengeschwüren, Schlaflosigkeit, oder Alkoholismus (ebd. 115–116). Gordon fasst zusammen: „Macht unterdrückt Kreativität und Produktivität, sie ist gesundheitsschädlich und verringert das Wohlbefinden des Kontrollierenden wie des Kontrollierten. Macht erzeugt jene Kräfte, die sie schließlich vernichten oder ersetzen. Macht beißt sich in den eigenen Schwanz, sie erstickt kreative Abweichungen, sie löscht Vertrauen aus, Kameradschaft, Intimität und Liebe" (ebd. 118).

3.3.4 Kritik an Bestrafung

Strafen werden oft angewandt, weil sie als das letzte Mittel erscheinen, das noch wirkt. Strafen können Kinder tatsächlich davon abhalten, sich inakzeptabel zu verhalten (Gordon 1993: 107). Die Wirkung ist allerdings nicht so groß, wie Erwachsene es sich erhoffen (ebd. 107). Strafen wirken nur kurzfristig und solange die strafende Instanz, also die Erwachsene, anwesend ist (ebd. 107). Wie schon im vorausgehenden Kapitel beschrieben, erfordert dies die ständige Kontrolle der Erwachsenen und verhindert damit eine Entwicklung zur Selbständigkeit. Die geringe Wirksamkeit von Strafen hängt wohl damit zusammen, dass sie nicht die nötige Motivation geben, sich auch ohne drohende Strafe entsprechend zu verhalten. Eltern können sich z.B. wünschen, dass ihr Kind aus Hilfsbereitschaft den Eltern gegenüber oder aus Freude an Ordnung aufräumt (Rosenberg 2009: 185). Wenn sie das Aufräumen allerdings durch (Androhung von) Strafen verlangen, wird das Kind dies nur aus Angst tun (ebd. 185). Das eigentliche Ziel, Freude an Ordnung oder Hilfsbereitschaft zu entwickeln, wird damit nicht nur verfehlt, das Aufräumen wird wahrscheinlich sogar mit negativen Gefühlen verbunden.

Dennoch können Strafen manchmal nachhaltig wirksam sein, bspw. wurde dadurch störendes Verhalten von Kindern mit geistiger Behinderung erfolgreich modifiziert (Gordon 1993: 97). Allerdings müssen für nachhaltige Wirksamkeit bestimmte Laborbedingungen geschaffen werden, die im Alltag kaum umzusetzen sind: So müssen Strafen immer unmittelbar auf das Verhalten folgen; das Verhalten muss jedes Mal bestraft werden, wenn es auftritt; das Verhalten darf niemals belohnt werden (auch nicht von anderen Kindern); die Strafe darf nicht in Gegenwart anderer Kinder erfolgen, weil dies das Kind beschämt und gegenüber der Erwachsenen aggressiv macht; und es darf nicht zu häufig oder streng gestraft werden, weil Kinder sich sonst entziehen (also z.B. aufgeben oder weglaufen) (ebd. 97–99).

Doch selbst wenn all diese Bedingungen erfüllt werden, ändert dies nichts daran, dass Strafen der Abschreckung und Bedürfnisverweigerung dienen. Hier liegt ein Grund, warum strenges Strafen oft zu Aggressionen führt: unerfüllte Bedürfnisse frustrieren, Frustration ruft meist Aggression hervor (ebd. 108). Selbst eine Erziehungsbroschüre, die Strafen unter bestimmten Bedingungen befürwortet, schreibt: „Wenn die Strafe als zu hart oder ungerecht empfunden wird, kann es sein, dass sich Kinder auflehnen und noch mehr gegen Regeln verstoßen. Andere Kinder werden verschüchtert, überängstlich und depressiv. Einige richten ihre Empörung und Wut gegen sich selbst und entwickeln Suchttendenzen, werden krank" (Trenz o.J.: 13). Hinzu kommen die im vorhergehenden Kapitel beschriebenen Folgen von Machteinsatz. Widerstand, Hass und gegenseitige Vergeltung (Dreikurs und Grey 1986: 36) können zu einem Teufelskreis werden und die Beziehung nachhaltig schädigen. Der Versuch, diese negativen Folgen zu umgehen, indem nur mild gestraft wird, macht die Strafe wirkungslos (Gordon 1993: 101). Eine Strafe muss unangenehm genug sein, um einen Anreiz zur Verhaltensänderung zu geben (ebd. 54). Milde Strafen sind nicht abschreckend, sie können sogar wie eine Belohnung wirken, weil das Kind dadurch Aufmerksamkeit bekommt (ebd. 101–102).

Strafen werden wahrscheinlich oft angewandt, weil Erwachsene sich dadurch Respekt verschaffen wollen. Die Botschaft einer Strafe lautet jedoch: „„Ich gebe jetzt auf, von dir Respekt für mich zu verlangen, und setze stattdessen etwas zwischen uns in der Hoffnung, dass du es mehr respektierst'" (Juul und Jensen 2009: 316). Wie bereits im letzten Kapitel beschrieben, ruft Machteinsatz jedoch keinen Respekt hervor, sondern Angst oder sogar noch mehr Widerstand. Miller (2001: 111) schreibt sogar, dass Strafen bei kleinen Kindern die Entwicklung des Gehirns beeinträchtigen können und daraus entstehende Gefühle (Angst, Wut oder Stress) Menschen ihr ganzes Leben lang unbewusst beeinflussen können. Weitere langfristige Folgen betreffen die Vorbildfunktion der Erwachsenen gegenüber Kindern. Gerald Hüther[32] betont, dass Kinder niemals nur das lernen, was Erwachsene ihnen beibringen wollen – sie lernen gleichzeitig auch das, was im

---

[32] Der Gehirnforscher wird als einer der großen Impulsgeber für eine Pädagogik der Zukunft bezeichnet (Juul und Hüther 2009: Klapptext).

Kontext passiert (Juul und Hüther 2009). Durch das sogenannte ‚Lernen am Modell' übernehmen Kinder Verhaltensweisen von Erwachsenen (Gordon 1993: 110). Wenn diese häufig Gewalt anwenden, lernen Kinder Lektionen wie: „Körperliche Aggressionen und Gewalt sind in menschlichen Beziehungen angemessene und akzeptable Verhaltensformen. Der Stärkere hat immer Recht. Es ist angemessen, bei denen, die wir lieben, Gewalt anzuwenden. [...] Konflikte werden von denjenigen gewonnen, die größer und stärker sind" (ebd. 110). Wenn Kinder lernen sollen, Verständnis für andere Menschen aufzubringen, liebevoll mit anderen umzugehen, die Wahrheit zu sagen, selbstkritisch zu sein und die Integrität anderer nicht zu verletzen, müssen Erwachsene sie ebenso behandeln (Miller 1983: 82–83).[33]

Alice Miller analysiert in ihren Büchern viele Lebensläufe bekannter Persönlichkeiten in Bezug auf ihre Kindheit. Sie schreibt: „Unter allen führenden Gestalten des Dritten Reiches habe ich keine einzige gefunden, die nicht streng und hart erzogen worden wäre. Muss uns das nicht sehr nachdenklich machen?" (ebd. 84).

3.3.5 Kritik an Belohnung

Genau wie Strafen erzielen Belohnungen nur unter schwer zu erfüllenden Bedingungen die erwünschte Wirkung. So muss die Belohnung unmittelbar nach dem erwünschten Verhalten erfolgen, sie muss ein tatsächliches Bedürfnis des Kindes erfüllen und es braucht einen systematischen Plan für die Häufigkeit der Belohnungen (Gordon 1993: 65). Außerdem muss der Prozess aufgezeichnet werden, um den Erfolg überprüfen und eventuelle Änderungen vornehmen zu können (ebd. 66). Nachhaltige Verhaltensänderung durch Belohnung benötigt darum speziell ausgebildetes Personal und Laborbedingungen (ebd. 69). Diese Methode wird von Expertinnen darum nur dann angewendet, wenn weniger aufwendige Möglichkeiten der Verhaltensänderung ausgeschlossen sind (ebd. 69). Damit im Alltag Erfolge erzielen zu wollen, scheint Gordon „absurd" (ebd. 68).

---

[33] Nicht selten scheinen Kinder einen sehr rücksichtslosen Umgangston untereinander zu pflegen. Vielleicht ist dieser unter anderem damit zu erklären, wie Erwachsene mit ihnen sprechen.

Außerdem hat das Kind nach Kurt Lewin[34] die Möglichkeit, auf die versprochene Belohnung ganz einfach zu verzichten, wenn das dafür geforderte Verhalten oder die Aufgabe zu unangenehm scheint (Lewin 1931: 52). Auch wenn das Ziel unerreichbar scheint oder die Belohnung zu weit in der Zukunft liegt, wird das Kind eine versprochene Belohnung ignorieren (Gordon 1993: 69; 71). Und selbst wenn eine Belohnung momentane Wirkung zeigt, ist sie eine extrinsische (äußere) Motivation (ebd. 72). Dies führt dazu, dass sich das Kind nicht wirklich auf das geforderte Verhalten konzentriert. Es „‚schielt' während der Ausführung der Aufgabe nach dem Lohn. Es wird die Aufgabe möglichst rasch, eventuell vorzeitig abbrechen, sobald es nur an die Belohnung herankann" (Lewin 1931: 51–52). Vielleicht wird es sogar anfangen, die Erwachsenen zu betrügen (z. B. in der Schule abschreiben oder die Erfüllung einer Aufgabe vortäuschen) (Gordon 1993: 72, Lewin 1931: 49). Je mehr Belohnungen eingesetzt werden, desto stärker ist außerdem der Gewöhnungseffekt und dann kann das Ausbleiben einer Belohnung wie eine Strafe wahrgenommen werden (Gordon 1993: 76). „Die Tragödie besteht darin, dass ein Scheitern beim Sport, bei den Zensuren oder den Pluspunkten für Rücksichtnahme bei den Kindern oft bewirkt, dass sie diese Aktivitäten aus ihrem Leben streichen und sich so die intrinsische Lust versagen, einfach etwas zu tun und sich an den Aktivitäten selbst zu freuen. Der Einsatz extrinsischer Belohnungen, um Kinder zu kontrollieren oder zu motivieren [...], tendiert tatsächlich dazu, die intrinsische Motivation zu untergraben, und bringt Kinder dazu, eine Tätigkeit aufzugeben" (ebd. 74).
Wenn Belohnungen gegenüber mehreren Kindern genutzt werden, kann daraus außerdem Eifersucht und Konkurrenzdenken entstehen (ebd. 93). Dreikurs und Cassel schreiben, „dass Wettbewerb um gute Noten, Beurteilungen, Anerkennung oder Preise eine Klasse in zwei Lager spaltet. Das kleinere Lager bilden die Kinder, die lernen, sich überlegen zu fühlen, um dann auf die große Gruppe der Unterlegenen herabzuschauen. In dieser Schule kann es keine Bereitschaft zur Kooperation geben. Die Kinder haben keinen Respekt vor der Würde des anderen und erkennen ihn nicht an. Sie lernen nicht, [...] wie sie anderen hilfreich beistehen können. Weil sich

---

[34] Kurt Lewin wird als einer der „international bedeutendsten Vertreter der deutschen Psychologie" bezeichnet (Schönpflug 1992: Klapptext). Seine Schwerpunkte lagen im Bereich der Wissenstheorie, der Motivationspsychologie und der Gruppendynamik (ebd. Klapptext).

die Kinder nicht in die Gruppe integriert fühlen, haben sie auch kein ausgeprägtes Selbstwertgefühl. [...] Nur wenige Personen mit überdurchschnittlichen Fähigkeiten machen im Konkurrenzkampf positive Erfahrungen. Viele Kinder werden vom Wettbewerb als Methode des motivierenden Lernens vollkommen entmutigt: Sie resignieren und fallen zurück, anstatt weitere Fortschritte zu machen. Solange das Konkurrenzideal aufrechterhalten bleibt, wird ein Kind weiterhin seine ganze Energie verschwenden, weil es nur an Gewinnen oder Verlieren denkt [...]. [Es] vergeudet damit wertvolle Energie, die [es] einsetzen müsste, um seine echten Möglichkeiten ausschöpfen zu können" (Dreikurs und Cassel 1974: 46–47).

3.4   Definitionsmacht und Bewertung

Wer durch den Besitz von Machtmitteln in einer Machtposition ist, hat auch die Definitionsmacht inne. Erwachsene können ihre Macht nutzen, um das *Kind* zu definieren, es mit einem Stempel zu versehen und zu bewerten (Juul 2009: 36). Sie haben auch die Macht, die *Situation* zu definieren, dem Kind die Schuld dafür zu geben und ihm vorzuschreiben, welche Reaktion darauf angemessen ist. Generell können Erwachsene durch ihre Definitionsmacht alleine entscheiden, welches Verhalten gut oder schlecht ist (Gordon 1993: 55). Dadurch kann es außerdem geschehen, dass Erwachsene Ziele definieren, die nicht in erster Linie dem Kind nutzen, sondern ihnen selbst. Gordon nennt das Beispiel einer Lehrerin, die einen sie störenden Schüler der Klasse verweist, allein aus ihrem Bedürfnis heraus, zu unterrichten (ebd. 48–49).[35]

3.4.1   Schuldzuweisung

Zur Definitionsmacht der Erwachsenen gehört es, dass sie die Situation definieren können. Sie können also den Kindern die Schuld geben für alles, was in der gemeinsamen Beziehung geschieht. Lange handelten Erwachsene nach folgender Doppelmoral: „Wenn meine Beziehung zu dem Kind [...] ein Erfolg ist, ist es mein Erfolg (und der meiner Erziehung/Pädagogik). Wenn die Beziehung scheitert, ist das Kind schuld!'" (Juul und Jensen 2009:

---

[35] Die Frage nach der Verantwortung für andere Schüler lässt er unbeantwortet, allerdings schreibt er, dass Kontrollierende sich hier oft selbst täuschen, indem sie glauben, dem Kind zu helfen (Gordon 1993: 49). Die Lehrerin könnte also eine Alternative suchen, die sowohl dem Kind hilft sich auf den Unterricht zu konzentrieren, als auch ihrer Verantwortung den anderen Kindern gegenüber gerecht wird.

53) oder auch: „Mein Verhalten ist tadellos, und ist das ausnahmsweise einmal nicht der Fall, dann haben es die Kinder provoziert, und das liegt nicht in meiner Verantwortung" (ebd. 124). Zwar würden die wenigsten Pädagogen dies immer noch so unterschreiben, dennoch sind pädagogische Kultur und Alltag teilweise noch heute davon geprägt (ebd. 124). „Kinder (und ihre Eltern) werden im Großen und Ganzen in allen offiziellen Verlautbarungen als *die* Ursache für die qualitativ unbefriedigenden professionellen Beziehungen genannt. Sofern das nicht auf Unwissen beruht, ist es nach unserer Auffassung ein ethischer Schandfleck in der Pädagogik" (ebd. 151). Dabei neigen Kinder schon selbst dazu, sich bei Verfehlungen der Erwachsenen (vor allem ihrer Eltern) als schuldig wahrzunehmen und ihnen die Verantwortung abzunehmen, selbst wenn sich die Kinder denken können, dass diese sich unvernünftig oder ungerecht verhalten haben (Juul und Jensen 2009: 126, Miller 1983: 14).

Schuldgefühle sind die Hauptursache von selbstzerstörerischem und sozial destruktivem Verhalten (Juul und Jensen 2009: 59). Sie können außerdem zerstörerisch für die Beziehung, für das Vertrauen des Kindes in die sie beschuldigende Erwachsene und für sein Selbstgefühl sein (Juul 2006: 29). Dadurch, dass das Kind mental und emotional auf Distanz zu der Erwachsenen geht, sinkt seine Bereitschaft, sich führen zu lassen, was den Aufbau eines zielgerichteten pädagogischen Kontakts erschwert (Juul und Jensen 2009: 126). Die Schuldgefühle des Kindes haben außerdem einen großen Einfluss auf die Folgen von Gewalt. „Vieles deutet darauf, wie bedeutsam es ist, ob die Eltern die Verantwortung für die [Anwendung körperlicher Gewalt] übernehmen oder den Kindern die Schuld geben" (Juul 2006: 126). Dem Kind die Schuld für den Gewalteinsatz zu geben (‚Du hast es nicht anders gewollt!'), kann also negative Folgen sehr verstärken, dagegen kann Verantwortungsübernahme (‚Tut mir Leid, ich wusste mich nicht mehr anders zu helfen') negative Folgen abmildern.

3.4.2 Untersagen bestimmter Gefühlsäußerungen

Eine Folge von ausgeübter Definitionsmacht und Schuldzuweisungen ist, dass Kinder ihre Gefühle nicht ausdrücken können, ohne Gefahr zu laufen, die Liebe und Zuwendung der Erwachsenen zu verlieren (Miller 1983:

128).[36] Miller bezeichnet dies als die „größte Grausamkeit, die man den Kindern zufügt" (ebd. 128). Wenn ein Kind Wut und Schmerz als Folge einer Verletzung der Integrität durch Erwachsene nicht zeigen darf, unterdrückt es diese Gefühle, verdrängt die Erinnerungen und idealisiert die verletzenden Erwachsenen (ebd. 13). Das Bedürfnis, die eigenen Gefühle zu artikulieren, bleibt unerfüllt (ebd. 21). Miller hält dies sogar für schlimmer als die eigentliche Verletzung: „Nicht im realen Geschehen, sondern in der Notwendigkeit der Verdrängung liegt bekanntlich der Ursprung der Neurose" (ebd. 21). Der unartikulierte Zorn löst sich nicht auf, er wird zu Hass, der sich entweder gegen das eigene Selbst richtet oder sich gegenüber Ersatzpersonen gesellschaftlich akzeptierte Wege der Entladung sucht (Miller 1983: 80; 128, Miller 2001: 39). Außerdem werden Kinder, die ihren inneren Widerstand nicht ausdrücken dürfen, später den Willen anderer als den eigenen erleben (Miller 1983: 29). Sie werden keine Fragen stellen, Widersprüche tolerieren und sich leichter einem System der Macht wie bspw. dem NS-Regime fügen (Miller 2001: 39). Kinder dagegen, die auf Kränkungen und Verletzungen mit Zorn (also psychisch adäquat) reagieren dürfen, werden auch wenn sie älter sind adäquat reagieren können (Miller 1983: 84). Als Erwachsene werden sie Verletzungen spüren und verbal ausdrücken können, sie werden jedoch nicht das Bedürfnis haben, gewalttätig zu reagieren (ebd. 84). Menschen mit verdrängter Wut jedoch verspüren dieses Bedürfnis (ebd. 84).

Ähnlich verhält es sich, wenn Erwachsene andere Gefühle des Kindes nicht ernst nehmen. Juul und Jensen (2009: 94) beschreiben ein Kind, das Schwierigkeiten beim Lernen hat und wohl durch diese Frustrationen einen sogenannten ‚psychischen Überbau' entwickelt hat. Die Erwachsenen gehen auf seine Frustration überhaupt nicht ein, stattdessen versuchen sie es zu motivieren, indem sie ausschließlich seine kleinen Erfolge loben (ebd. 94). Dadurch steht es mit seinen überwältigenden Gefühlen und Erlebnissen ganz allein da (ebd. 95). Es kann nicht lernen, seine Schwächen wahrzunehmen, anzuerkennen und zu integrieren, und es kann kein Selbstgefühl entwickeln (ebd. 95).

---

[36] Entsprechende Aussagen von Erwachsenen könnten z.B. sein: „Du brauchst nicht weinen, das hast du dir selbst eingebrockt!", „Hör auf zu schmollen, man kann eben nicht alles im Leben haben!", „Fang doch jetzt nicht wieder mit deinem Gezicke an!", „Schau mich nicht so böse an, das macht es nicht besser!"

Ähnlich verhält es sich, wenn Erwachsene dem Kind ein Bedürfnis nicht erfüllen können, denn das Kind muss auch diese Frustration emotional verarbeiten (ebd. 119). Weinen oder Schmollen sind Teil der Homöostase des Organismus, also des Prozesses, der den Organismus des Kindes wieder ins Gleichgewicht bringt (ebd. 119). Damit richtet sich solche ein Verhalten nicht gegen die Erwachsenen, sondern es ist im Gegenteil sogar notwendig, damit das Kind wieder mit den Erwachsenen kooperieren kann (ebd. 118). „Wenn dieser Prozess unterdrückt, ins Lächerliche gezogen oder verboten wird, stauen sich die Frustrationen im Kind auf, kommen zu einem späteren Zeitpunkt unweigerlich weitaus irrationaler zum Ausdruck und lenken Energie und Aufmerksamkeit vom Kind selbst ab. Aus diesem Grund ist es wichtig, dass Kindern die Zeit gelassen wird, die sie brauchen, um mit ihrer Frustration fertig zu werden. [...] Lässt man Kindern die Zeit, die sie für diesen Prozess brauchen, können sie ihre persönliche Würde wahren und zur Entscheidung der Erwachsenen Ja sagen. Ist das nicht der Fall, dann bleibt ihnen nichts anderes übrig, als ‚Jawohl!' zu sagen, was zwar auf den ersten Blick noch der Autorität des Erwachsenen huldigt, sie aber auf lange Sicht untergräbt" (ebd. 119).

3.4.3 Belehrung

Auch Belehrungen sind bewertende Botschaften, die Kindern mitteilen, ihre Gefühle und Bedürfnisse seinen untergeordnet und ohne große Bedeutung für die Erwachsenen (Juul 2006: 156). Spontan auf ihre Beziehungen zu reagieren, ist vor allem für Kinder im Vorschulalter sehr wichtig (Juul und Jensen 2009: 138). Auf diese Art können sie die eigene Integrität zeigen und damit ‚gesehen' werden (ebd. 138).[37] Wenn ein Kind über die Unangebrachtheit seiner spontanen Reaktionen und über ‚gutes Benehmen' belehrt wird, lernt es, dass es fehl am Platz ist und verstärkt sein scheinbar irrationales Verhalten oder hört nicht mehr zu (ebd. 138–139). Meist fordern solche Belehrungen vom Kind, die Realität der Erwachsenen ernst zu nehmen, ohne dass die Erwachsenen seine Realität ernst nehmen (Juul 2006: 156). Dies kann zu einem Gefühl von Minderwertigkeit, zu Fremdbestimmtheit (ebd. 166) oder zu Verschlossenheit führen (Zeltner 1993: 202). Juul beschreibt in diesem Zusammenhang den „‚automatischen Elternan-

---

[37] Auf das ‚Sehen' des Kindes wird in Kapitel 5.6 näher eingegangen.

rufbeantworter' [...], der automatisch loslegt und erziehende, richtungs-weisende und hilfreiche Kommentare sendet, sobald ein Kind in Hörweite kommt" (Juul 2006: 167). Er besteht aus einem „Sammelsurium von Aussa-gen etlicher Generationen von Eltern plus einzelner Brocken, die wir zufäl-lig aufgeschnappt haben" (ebd. 167). Die allermeisten Kinder hören beim ‚automatischen Elternrufbeantworter' ab einem Alter von 3 Jahren nicht mehr zu (ebd. 167). Die destruktive Botschaft dahinter kommt aber den-noch an: ‚Du wärst kein gutes Kind, wenn ich dich nicht die ganze Zeit daran erinnern würde, was ‚man' tut!' (ebd. 167).

3.4.4 Bewertung des Kindes

Zur Definitionsmacht gehört es auch, dass Erwachsene Kinder definieren, ein Urteil über sie fällen und sie also bewerten. Juul bezeichnet dies als die häufigste und destruktivste Art, die Integrität von Kindern zu verletzen (ebd. 36). „Bezeichnend für diese Form der Kommunikation ist, dass die Bewertung, wie das Kind ist [...], von der Vorstellung der Erwachsenen aus-geht. Die Wahrnehmung des Kindes wird entweder von vornherein ausge-blendet oder sie wird disqualifiziert: Nein, jetzt bist du nicht lieb! Wie bist du heute lieb und still gewesen!" (Juul und Jensen 2009: 331). Bewertung kann also sowohl über Schimpfen und Kritisieren als auch über Lob gesche-hen.

Hier kommt es darauf an, Werturteile von moralischen Urteilen zu unter-scheiden. Werturteile sind die eigene Überzeugung darüber, wie das Leben am besten gestaltet werden sollte und welche Werte entscheidend sind (Rosenberg 2009: 36). Moralische Urteile dagegen sind Urteile über andere Personen oder ihr Verhalten (ebd. 36). Moralische Urteile erzeugen bei dem Beurteilten entweder Widerstand oder Schuldgefühle (ebd. 36). Nicht nur der Widerstand ist für die gemeinsame Beziehung schädlich, auch Schuldgefühle haben negative Folgen für Beurteilte wie Beurteilende. „Wir bezahlen alle teuer dafür, wenn Leute aus Angst, Schuldgefühl oder Scham auf unsere Werte und Bedürfnisse eingehen und nicht aus dem Wunsch heraus, von Herzen zu geben. Früher oder später werden wir die Konse-quenzen nachlassenden Wohlwollens von [ihnen] zu spüren bekommen [...]. Sie selbst bezahlen ebenfalls emotional, denn wenn sie etwas mitma-chen aus Angst, Schuldgefühl oder Scham, werden sie höchstwahrschein-lich Widerwillen empfinden und einen Teil ihres Selbstbewusstseins einbü-ßen" (ebd. 36).

Lob kann als Belohnung eingesetzt werden und damit ähnliche negative Wirkungen haben. Zusätzlich ist Lob meist als Bewertung formuliert, als Urteil über eine Person (Gordon 1993: 88). Damit sprechen Erwachsene ein (wenn auch positives) moralisches Urteil aus und ‚stecken das Kind in eine Schublade‘, statt es als ganzen Menschen wahrzunehmen. Sie drücken damit auch aus, dass sie selbst so viel mehr als das Kind wissen, dass sie seine Situation und sein Verhalten einordnen können (ebd. 82). „Um zu begreifen, wie zu loben bedeutet, sich über die gelobte Person hinauszuheben, stellen Sie sich vor, Sie haben gerade ein Konzert eines berühmten Geigers gehört. (Sie selbst haben noch nie im Leben eine Violine angefasst.) Sehen Sie, wie lächerlich es klingen würde, wenn Sie etwa sagten: ‚Ihre Technik war makellos, die Interpretation brillant.‘ Vergleichen Sie das mit der Botschaft: ‚Mir hat ihr Spiel heute abend sehr gefallen‘, oder: ‚Ich habe großen Respekt vor Ihrem Talent‘“ (ebd. 82).

Lob verknüpft außerdem die Leistung einer Person mit dem Wert der Person. Wenn dies oft geschieht, ändert sich die Lebensperspektive eines Kindes „von Sein zu Können, von Existenz zu Leistung“ (Juul 2006: 109). Damit wirkt es sich also negativ auf das Selbstgefühl eines Kindes aus, also auf das Gefühl, etwas wert zu sein, so wie es ist.[38] Es lernt dann, nur Dinge auszuwählen, die den Erwachsenen wahrscheinlich gefallen und verliert Erfindungsreichtum, Kreativität und Selbständigkeit (Gordon 1993: 73). „Wenn dieses Kind erwachsen wird, hängen seine Leistungsfähigkeit, sein Können und seine Möglichkeiten, die Probleme das [!] Alltags zu lösen, vollkommen von der Wertschätzung anderer ab. [...] Durch Loben wird das Kind veranlasst, sich auf die eigene Person zu konzentrieren. Es stellt sich die Frage: ‚Wie kann ich meinen Wert weiter steigern?‘“ (Dreikurs und Cassel 1974: 56).

Manchmal wird Lob auch bewusst zur Manipulation eingesetzt, um das aktuelle Verhalten des Kindes zu verstärken und sein sonst gegenteiliges Verhalten zu kritisieren (Gordon 1993: 81). „Wie die meisten Menschen wollen

---

[38] Das bedeutet nicht, dass Lob nicht relevant wäre für die Entwicklung des Selbstvertrauens (also wie gut und fähig sich jemand fühlt) und man es dafür nicht nutzen dürfte (Juul 2006: 107). Aber wenn ein Kind ausschließlich für die Ergebnisse seines Tuns Anerkennung bekommt, lernt es, dass es nur etwas wert ist, wenn es den Maßstäben anderer gerecht wird (Dreikurs und Grey 1986: 42).

Kinder nicht gern manipuliert werden. Sie lehnen die versteckten Versuche, sie zu kontrollieren, heftig ab, besonders, wenn die Botschaften subtile, indirekte Kritik enthalten" (ebd. 81). Als Alternative zum Lob schlägt Juul (2006: 108) vor, die eigene spontane persönliche Reaktion auszusprechen, was auch immer diese sein mag. Gordon rät ebenfalls: „Drücken Sie sowohl aus, welches Gefühl das Verhalten Ihres Kindes in Ihnen auslöste und warum, das heißt, welchen erkennbaren und konkreten Effekt das Verhalten oder die Leistung Ihres Kindes auf Ihr Leben hat" (Gordon 1993: 89). Ähnlich wie das Loben bedeutet auch **Kritisieren und Schimpfen** zunächst, ein Urteil über eine Person abzugeben, das Anpassung fördert und darum unselbständig und selbstbezogen machen kann (Juul 2006: 109). Kritisieren geht aber noch weiter: es schädigt nicht nur das Selbstgefühl, sondern auch das Selbstvertrauen, also das Vertrauen in eigene Fähigkeiten (ebd. 107). Es blockiert sogar Veränderung. Um sich verändern zu können, braucht es die Akzeptanz von Mitmenschen, wie in Kapitel 5.3 beschrieben wird (Gordon 1993: 239). Neueste Erkenntnisse aus der Hirnforschung zeigen, „dass die Fähigkeit, Neues zu lernen, herabgesetzt ist, wenn die Informationen mit Kritik verbunden sind. Langjährige Untersuchungen haben gezeigt, dass dies in selbem Maße für das Erlernen sozialer Fähigkeiten gilt. Das Schimpfen ist also [...] kontraproduktiv, indem meist das Gegenteil des gewünschten Resultats eintritt" (Juul 2009: 64). Außerdem schaden Kritik und Schimpfen der Beziehung, weil sie beim Kind Widerstand wecken (Dreikurs und Cassel 1974: 31). Das alles bedeutet jedoch nicht, dass Erwachsene Kinder nicht hinweisen dürfen auf inakzeptables Verhalten. Konstruktivere Möglichkeiten dafür werden im Verlauf dieser Arbeit vorgestellt, vor allem in den Kapiteln 6.5, 8.3 und 9.

3.4.5 Kommunikationssperren

Gordon beschreibt zwölf so genannte Kommunikationssperren, die sehr oft von Erwachsenen im Rahmen ihrer Definitionsmacht verwendet werden, die aber meist fehlende Akzeptanz vermitteln und Kommunikation mit Kindern blockieren (Gordon 1993: 235). Ein Kind kann durch sie den Eindruck bekommen, dass die Erwachsenen ihm nichts zutrauen, kein Interesse an ihm haben, es nicht verstehen oder seine Gefühle für unangemessen halten (Gordon 1993: 237). Es reagiert darum meist mit Abbruch des Dialogs, Ablehnung, Rache, Minderwertigkeitsgefühlen, Wut, Schuldgefühlen oder Frustration (Gordon 1993: 237). Lob, Kritik und Belehrung gehören nach Gordon zu diesen Kommunikationssperren. Er nennt aber auch befehlen, drohen, predigen, Lösungen geben, lächerlich machen, interpretieren, besänftigen, verhören und ablenken (Gordon 1993: 235–236, Gordon 1978: 40–41). Im Anhang findet sich Tabelle 2 mit anschaulichen Beispielen. Die Kommunikationssperren entspringen alle der Definitionsmacht der Erwachsenen, hierbei wird also die Realität des Kindes ausgeblendet und entweder die Situation oder das Kind selbst von Erwachsenen definiert.

3.5 Transfer zu Erwachsenen mit geistiger Behinderung

Pädagoginnen besitzen auch gegenüber Erwachsenen mit geistiger Behinderung Machtmittel in Form von Bedürfnisverweigerung (Strafe) oder Bedürfniserfüllung (Belohnung).[39] Dies führt zwar wahrscheinlich nicht dazu, dass Menschen bewusst in dieser Abhängigkeit gehalten werden. Doch vielleicht beeinflusst dies unbewusst die Entscheidung, ob das Erlernen bestimmter Fähigkeiten gefördert wird, was dem Ziel größtmöglicher Selbstständigkeit entspräche. Es ist bspw. vorstellbar, dass eine Person mit geistiger Behinderung zur Belohnung für bestimmte Verhaltensweisen Süßigkeiten oder andere materielle Kleinigkeiten bekommt. Wenn die Möglichkeit besteht, dass die Person das Einkaufen erlernt, wird vielleicht in die Überlegungen der Pädagoginnen einfließen, dass ihnen dadurch die Möglichkeit verloren geht, Anreize zu schaffen.

Eigene Erfahrungen legen den Schluss nahe, dass Machteinsatz bei Menschen mit geistiger Behinderung ähnliche wie die oben beschriebenen Reaktionen von Kindern hervorruft.[40] So lässt sich vermuten, dass dadurch

---

[39] Sie besitzen die Machtmittel wohl entweder, weil die Person sich nicht selbst ihre Bedürfnisse erfüllen kann oder weil ihr die selbständige Bedürfniserfüllung untersagt wird – z.B. auf Grund von Bedenken der Pädagogen. Inwieweit diese Bedenken und damit letztlich der Besitz von Machtmitteln gerechtfertigt ist, kann hier nicht weiter diskutiert werden.

[40] Hierzu ein Beispiel aus eigenen Praxiserfahrungen: Es handelt sich um eine Frau mit Trisomie 21, deren starker eigener Wille für die Pädagoginnen oft ein Problem darstellt und meist zu Bestrafung führt. Ihr Verhalten gegenüber Pädagoginnen besteht zum Großteil aus dem, was Gordon als Reaktionen auf Machtausübung aufgelistet hat. Über die Hälfte der dort aufgeführten Verhaltensweisen trifft auf

auch hier die Beziehung geschädigt und die Position der Pädagoginnen geschwächt wird. Auch die meisten anderen beschriebenen Folgen von Strafen und Belohnungen (wie Angst, Wut, Ersticken von intrinsischer Motivation) treffen somit wahrscheinlich auf Erwachsene mit geistiger Behinderung genauso zu wie auf Kinder.

Auf Kritik und Belehrungen reagieren die meisten Erwachsenen nicht anders als Kinder: mit scheinbar irrationalem Verhalten und Abbruch des Dialogs (Juul und Jensen 2009: 139). Erwachsene mit geistiger Behinderung hören wahrscheinlich sehr oft solche Botschaften über ihr Verhalten oder über ‚richtiges‘ Verhalten. Eigene Erfahrungen besagen, dass Belehrungen in vielen Institutionen fast schon alltäglicher Umgangston sind. Menschen, die regelmäßig gesagt bekommen, wie sie sich benehmen sollen und ob ihr momentaner Gefühlsausdruck adäquat ist oder nicht, haben vermutlich ein sehr tiefgreifendes Gefühl, ‚nicht richtig‘ oder ‚fehl am Platz‘ zu sein. Negative Zuschreibungen, Kritik und beurteilende Äußerungen fördern nach Christoph Steinebach[41] außerdem die erlernte Hilflosigkeit (Steinebach 2000: 48). Diese führen dazu, dass geistig behinderte Menschen eigene Misserfolge eher hinnehmen, was wiederum dazu führt, dass Pädagoginnen verstärkt Hilfen anbieten, statt weitere selbständige Bewältigungsversuche zu unterstützen (ebd. 48). Aber auch Strafen und Belohnungen verstärken die erlernte Hilflosigkeit. Nach Steinebach zeigen Edward Ziglers Untersuchungen, dass extrinsische Motivatoren großen Einfluss auf geringe oder fehlende Motivation bei Menschen mit geistiger Behinderung haben (ebd. 48). Belohnungen und Strafen verstärken als extrinsische Motivatoren also ebenfalls die Tendenz, auf Hilfen anderer Personen zurückzugreifen und sich abhängig zu machen.

---

sie zu: Trotz, rebellieren, vergelten, angreifen, Regeln brechen, Wut, lügen, einschmeicheln, Rückzug, nicht verlieren können, faulenzen, fortbleiben, schweigen, Distanz, Angst, nach Anerkennung suchen, zu viel essen, unterwürfig sein, täuschen (Gordon 1993: 123–124). Nicht alle dieser Verhaltensweisen müssen zwangsläufig mit dem Strafgebrauch zusammenhängen. Dennoch ist zu fragen, inwieweit einige der von Pädagogen als problematisch wahrgenommenen Verhaltensweisen (z.B. Regeln brechen) durch Bestrafungen erst erzeugt oder zumindest verstärkt wurden.

[41] Christoph Steinebach war Professor für Rehabilitationspädagogik und ist Leiter des Departments und Instituts für Angewandte Psychologie (zhaw 2018).

Ein Unterschied zwischen den beiden Personengruppen könnte sein, wie stark der Machteinsatz Einsamkeitsempfinden und Empathiefähigkeit beeinflusst. Miller (1983: 141) vergleicht das Erleben von körperlicher Gewalt bei Kindern mit dem bei Erwachsenen (ohne geistige Behinderung). Sie nennt hierbei vier Faktoren, die zu Unterschieden führen: der *Reifegrad des Selbst*, die *Loyalität* gegenüber den Gewaltanwendenden, die innere *Isolierung* und die *Freiheit*, die eigenen Gefühle zu erleben (ebd. 139-142). Weil das *Selbst* noch nicht ausgebildet ist, kann ein Kind keine Erinnerungsspur mit den dazugehörigen Gefühlen ausbilden (ebd. 139). Die erlebten negativen Gefühle werden darum nicht in sein Selbst integriert, sondern bleiben unbewusst und werden später seine Empathiefähigkeit behindern (ebd. 139). Erwachsene dagegen, die Gewalt erfahren, zweifeln nicht an ihren Erlebnissen und *identifizieren* sich nicht mit den Gewaltanwendenden (ebd. 140). Sie werden mit anderen Menschen über ihre Erlebnisse sprechen, während Kinder sich einsam und *isoliert* fühlen (ebd. 140–141). Sie haben die innere *Freiheit*, ihren Hass gegenüber den Gewaltanwendenden zu erleben, Kinder dagegen sind meist sowohl emotional als auch existenziell abhängig von erwachsenen Gewaltanwendenden, vor allem von ihren Eltern (ebd. 141–142). Für den Transfer kann dies bei manchen Personen bedeutsam sein. Bei Menschen mit geistiger Behinderung ist die Frage nach dem Reifegrad des Selbst, Loyalität, Isolation und Freiheit des Gefühlslebens wahrscheinlich vom Grad ihrer Behinderung und ihren bisherigen Erfahrungen abhängig.[42] Erfahrungsgemäß gibt es sowohl Menschen mit geistiger Behinderung, die stark emotional abhängig sind (und sich darum isolierter fühlen werden bei Gewalterleben), als auch solche, die sich untereinander darüber austauschen und reflektieren, wie sie von Pädagoginnen behandelt werden. Die Frage, ob Menschen mit geistiger Behinderung negative Gefühle durch Gewalterfahrungen verarbeiten können oder ins Unterbewusste verdrängen, ist also individuell zu beantworten.

---

[42] Also beispielsweise davon, ob sie lernen durften, sich emotional unabhängig von anderen zu machen. Hier spielt sicher auch eine Rolle, ob sie lernen durften, Wut und Frustrationen (auch gegenüber Machteinsetzenden) auszudrücken oder oft die Schuld bekamen für destruktive Beziehungen.

4 Grundlegendes für eine gewaltfreie und verantwortungsvolle Pädagogik

Um Prinzipien einer gewaltfreien Pädagogik erörtern zu können, sollen hier zunächst einige grundlegende Annahmen beschrieben werden. Hierbei geht es um die Vorbildfunktion der Erwachsenen, die Bedürfnisse und Kooperationsbereitschaft von Kindern und die Verantwortung von beiden. An einigen Stellen können erste konkrete gewaltfreie Alternativen aufgezeigt werden.

4.1 Vorbildfunktion

Dass Kinder sich oft am Verhalten der Erwachsenen orientieren und das Verhalten ihrer Vorbilder übernehmen, wurde bereits angesprochen. Dies sollte nicht nur beim Einsatz von Macht bedacht werden. Die Vorbildfunktion gibt Erwachsenen auch die Chance, Einfluss auf das Verhalten und die Werte der Kinder zu nehmen (Gordon 1993: 219). „Gelungene Vermittlung und Integration von moralischen Werten finden nur in dem Umfang statt, wie die Erwachsenen selbst sie in der [...] Beziehung erfüllen und wie sie in der Lage sind, einen respektvollen, persönlichen Kontakt zu dem einzelnen Kind aufzubauen" (Juul und Jensen 2009: 334). Die Qualität der Beziehung bedingt den Vorbildeinfluss, weil Kinder sich eher Werte von Erwachsenen aneignen, die sie selbst mögen und respektieren (Gordon 1993: 219). Dieser Vorbildfunktion werden alle unten beschriebenen Möglichkeiten und gewaltfreie Prinzipien gerecht, weil Erwachsene damit ein positives Handlungsbeispiel für Gewaltfreiheit geben und die Beziehung stärken. Allgemein gilt also: „Wenn ein Kind Toleranz erfährt, lernt es, geduldig zu sein. [...] Wenn ein Kind Annahme findet, lernt es zu lieben. [...] Wenn ein Kind ehrlich behandelt wird, lernt es, was Wahrheit ist. Wenn für ein Kind unparteiisch entschieden wird, lernt es Gerechtigkeit" (Dreikurs und Cassel 1974: 29).

4.2 Bedürfnisse des Kindes erfüllen

Um das Verhalten des Kindes zu verstehen (vor allem, wenn Erwachsene es nicht gutheißen), ist es wichtig zu wissen, dass hinter diesem Verhalten ein Bedürfnis des Kindes steht, das es zu erfüllen versucht (Gordon 1993: 154). „Wenn Eltern sich darauf konzentrieren, herauszufinden, was das

Kind braucht, statt dieses Verhalten als ‚schlecht' zu betrachten [...], können sie gewöhnlich die Ursache des inakzeptablen Verhaltens beseitigen oder anbieten, was das Kind braucht und sich selbst nicht besorgen kann" (ebd. 157–158). Oft kann dies einfach und einleuchtend sein, z.B. ein schreiendes Baby zu füttern statt es für seine Schreie zu bestrafen. Vielleicht kann das Kind auch darin unterstützt werden, selbst einen anderen, möglicherweise sogar effektiveren Weg der Bedürfniserfüllung zu finden. Gordon beschreibt hier die Möglichkeit eines ‚Tauschhandels', also dem Kind ein anderes Verhalten für seine Bedürfnisbefriedigung anzubieten, das für Erwachsene akzeptabel ist (ebd. 158). Wenn beispielsweise das Kind mit etwas Zerbrechlichem spielt, können Erwachsene ihm ein vergleichbares Spielzeug anbieten, das stabiler ist oder das kaputt gehen darf (Gordon 1993: 158–159).

Es gibt aber genauso Fälle, in denen die Umstände verhindern, dass das Kind bekommen kann, was es braucht. „Jedes Leben und jede Kindheit sind reich an Frustrationen, das ist gar nicht anders denkbar, denn auch die beste Mutter kann nicht alle Wünsche und Bedürfnisse ihres Kindes befriedigen" (Miller 1983: 293). Außerdem betont Juul, dass Kinder zwar wissen, was sie *wollen* – dies ist jedoch nicht immer gleichzusetzen mit dem, was sie *brauchen* (Juul 2006: 69). Wie Erwachsene damit umgehen können, sodass aus diesen Frustrationen für die Kinder Entwicklungsmöglichkeiten entstehen, soll in den Kapiteln 5 und 6 gezeigt werden.

4.3 Kooperation des Kindes

Kooperation definiert Juul als den Drang aller Menschen, mit den für sie bedeutsamen Menschen zusammen zu arbeiten, ihnen nachzueifern und sich ihnen anzupassen (Juul 2009: 52). Gerade Kinder haben ein großes Bedürfnis, mit ihren Eltern zu kooperieren (Dreikurs und Cassel 1974: 62), denn sie sind auf die Liebe und den Kontakt zu ihnen angewiesen, um zu überleben (Miller 1983: 142, Juul und Jensen 2009: 187, Miller 1988: 133). Kinder sind also von Geburt an sozial und um dies weiterzuentwickeln brauchen sie keine Erziehung, sondern Erwachsene, die selbst sozial handeln (Juul 2006: 23; 63). Kinder kooperieren sogar mit Gefühlen und Haltungen, die Erwachsene lieber für sich behalten möchten oder die ihnen gar nicht bewusst sind (ebd. 50). Wenn beispielsweise Besuch kommt, beobachten kleine Kinder den Gefühlsausdruck ihrer Bezugsperson, bevor sie selbst ein Gefühl ausdrücken: „Ein Elternteil öffnet die Tür mit dem Kleinen auf dem

Arm. Der Kleine studiert einige Sekunden lang intensiv das Gesicht von Vater oder Mutter, ehe er selbst den Gast begrüßt. Wenn der Erwachsene unruhig ist, nervös, ängstlich oder sich einfach nichts daraus macht, Gäste zu bekommen, beginnt das Kind zu weinen oder das Gesicht vom Gast wegzudrehen. Es hilft nichts, wenn der Erwachsene sein entgegenkommendes soziales Lächeln aufsetzt" (ebd. 50). Dieses Beispiel zeigt auch, dass Kinder nicht immer so kooperieren, wie Erwachsene sich das wünschen.

Kooperation geschieht entweder direkt oder spiegelverkehrt: „Kinder, die kritisiert werden, werden entweder kritisch oder selbstkritisch. [...] Kinder, die in Familien aufwachsen, wo sich niemand persönlich ausdrückt, werden entweder schweigsam oder redselig" (ebd. 54). Allerdings gilt die Option eines spiegelverkehrten Kooperierens nur für destruktive Verhaltensweisen, alle anderen kopieren Kinder direkt: „Kinder, die mit Respekt behandelt werden, antworten mit Respekt. Kinder, die fürsorglich behandelt werden, verhalten sich fürsorglich. Kinder, die nicht in ihrer Integrität verletzt werden, kränken andere nicht" (ebd. 55).

Wenn Kinder aufhören zu kooperieren, dann nicht, weil sie nicht zusammenarbeiten wollen (ebd. 43), sondern weil sie zu lange mit destruktivem Verhalten der Erwachsenen kooperiert haben oder ihre Integrität direkt verletzt wird (ebd. 81). Jedoch geschieht ein Abbruch der Kooperation selten, in neun von zehn Fällen wählen sie trotz Integritätsverletzungen die Zusammenarbeit (ebd. 44–45).

4.4 Der Konflikt zwischen Integrität und Kooperation

Integrität wurde bereits oben beschrieben als körperliche und seelische Unversehrtheit der Identität, zu der die eigenen Gefühle, Werte und Gedanken gehören (Juul 2006: 55). Alle Menschen leben im Spannungsfeld zwischen Integrität und Kooperation, zwischen Individualität und Gemeinschaft (Juul 2009: 52). Kinder geben, wenn sie in diesen Konflikt geraten, meist ihre Integrität zugunsten der Kooperation auf (Juul 2006: 44–45). Wenn ein Kind z.B. von seiner Mutter häufig zum Essen gedrängt wird, obwohl es keinen Hunger oder keine Lust auf das Essen hat, kann es wählen zwischen direkter und spiegelverkehrter Kooperation (Juul und Jensen 2009: 79–81). Direkt zu kooperieren würde bedeuten, zu essen und damit seine Grenzen aufzugeben (ebd. 81). Das Verhalten der Mutter hat dann so große Bedeutung für das Kind, dass es anfängt, die Gefühle der Mutter ernster zu nehmen als seine eigenen (ebd. 81). Spiegelverkehrt zu koope-rieren würde bedeuten, immer verbissener um die eigene Integrität und gegen das Essen zu kämpfen (ebd. 81). Doch letztlich wird auch dies seiner Integrität schaden. Es wird „schnell in die Situation geraten, in der nicht das Gefühl von Hunger oder Nicht-Hunger am wichtigsten ist, sondern es nimmt bei den Mahlzeiten ein Gefühl der Verwirrung, Angst und einer fest-gefahrenen Situation war. Sein Kampf hört auf, ein Kampf um seine Integ-rität zu sein, und wird zu einem Kampf gegen das autoritäre Verhalten der Mutter. [...] Genau wie bei der Kooperation richtig herum verliert es hier die Verbindung zu seinem Appetit und die Gefühle der Mutter werden für es wichtiger als seine eigenen" (ebd. 81). Je öfter in diesem Konflikt die In-tegrität geopfert wird, desto größer wird der Schmerz, der zwar verdrängt werden kann, aber früher oder später zu Signalverhalten (nonverbal, verbal oder physisch) bis hin zu regelrechten Symptomen führen kann (Juul 2006: 78). Typische Signale sind scheinbar asoziales Verhalten, Konzentrations-schwäche, niedrige Frustrationstoleranz, spontane Aggressionen oder De-pression (Juul und Jensen 2009: 73–74). In der Regel sind Kinder „schon recht groß (oder sehr verstört), bis sie sich in der Interaktion mit den Er-wachsenen, die ein Teil ihres Alltags sind, bewusst unverwundbar machen können" (ebd. 149). Kinder müssen also nicht lernen, sich anzupassen oder zusammenzuarbeiten, sondern sie brauchen Erwachsene, die ihnen zei-gen, wie sie in der Interaktion mit anderen für sich selbst sorgen können (Juul 2006: 45). Mit intakter Integrität werden sie direkt kooperieren und so ihre sozialen Fähigkeiten behalten. Integrität und Kooperation schließen sich also nicht gegenseitig aus – im Gegenteil. Der Schutz der Integrität je-des einzelnen ist sogar eine wichtige Voraussetzung für eine gute Entwick-lung von Gemeinschaften (ebd. 93). Die gleichzeitige Verwirklichung bei-der Aspekte hängt stark davon ab, wie gut sich die Personen ausdrücken können und wie sie miteinander sprechen und verhandeln (ebd. 75). Auf diese Fähigkeiten wird in den Kapiteln 6.4, 6.5 und 9 eingegangen.

4.5 Verantwortung

Die in dieser Arbeit beschriebenen pädagogischen Handlungsweisen sollen nicht nur gewaltfrei, sondern auch verantwortungsvoll sein. Es geht also ausdrücklich nicht darum, ein Kind sich selbst zu überlassen oder ihm ‚alles durchgehen zu lassen'. Pädagogik, die auf Machteinsatz verzichtet, soll nicht die Verantwortung leugnen, die Erwachsene für das Wohlergehen und die Entwicklung von Kindern haben. Umgekehrt beinhaltet das pädagogische Ziel der Selbständigkeit auch, dass Kinder lernen, selbst Verantwortung zu übernehmen.

Es ist an dieser Stelle wichtig darauf hinzuweisen, dass Verantwortung nicht mit Schuld gleichzusetzen ist (Juul und Jensen 2009: 32). In unserer Kultur besteht die Tradition, Schuld zuzuweisen (ebd. 32). Wenn das Kind nicht schuld ist, wird die Schuld bei den Erwachsenen gesucht (ebd. 125). Dabei sollte es nach Juul und Jensen nicht um Schuld gehen (ebd. 125). „Wenn Eriks Lehrer ihm aus Verärgerung eine verletzende, sarkastische Bemerkung an den Kopf geworfen hat, bedeutet das nicht, dass die ganze Episode die Schuld des Lehrers ist. Sie war ein Produkt einer Beziehung, für die der Lehrer eine übergeordnete Verantwortung hatte" (ebd. 125–126). So ist die Alternative zu Schuldzuweisungen auch, die Verantwortung zu übernehmen, und zwar sowohl gefühlsmäßig als auch verbal (Juul 2006: 131).

4.5.1 Soziale und persönliche Verantwortung

Juul beschreibt soziale Verantwortung als „diejenige, die wir füreinander in der Familie, der Gruppe, der Gesellschaft und in der Welt haben" (Juul 2006: 137). Die persönliche Verantwortung dagegen meint die Fähigkeit und den Willen, Verantwortung zu übernehmen für die eigene Integrität, für das eigene Handeln und die eigenen Entscheidungen (Juul und Jensen 2009: 100). Die meisten Erwachsenen sind zwar zu sozialer Verantwortlichkeit erzogen worden, nicht aber zu persönlicher: „Heutzutage sind vielleicht zwei oder drei von hundert Erwachsenen in der Lage, die meiste Zeit die Verantwortung für ihr eigenes Leben und ihre Integrität zu übernehmen" (Juul 2006: 137–138). Für die Lebensqualität und die Qualität der Beziehungen ist es jedoch von großer Bedeutung, ob Menschen eine aktive persönliche Verantwortung übernehmen oder sich von Konventionen und den Erwartungen anderer Menschen leiten lassen (Juul und Jensen 2009: 100). Wenn Erwachsene ihre eigenen Bedürfnisse und ihre eigene Integrität übersehen, also keine Eigenverantwortung übernehmen, bekommen Kinder keine persönliche Rückkopplung, also „keine Menschen aus Fleisch und Blut, denen gegenüber sie sich verhalten müssen [...]. Auf lange Sicht gibt es keine persönliche Nähe ohne persönliche Verantwortung" (Juul 2006: 170). Hierauf wird näher in Kapitel 6.5 eingegangen.

4.5.2 Verantwortungsbereich der Erwachsenen

Laut Juul und Jensen (2009: 104) fehlen Kindern wie bereits erwähnt die Fähigkeit zur Selbstbetreuung und die Fähigkeit, die Verantwortung für die Qualität von Beziehungen zu Erwachsenen zu übernehmen. Im Kapitel 5.2 über Beziehung wird es ausführlicher darum gehen, dass Erwachsene die Verantwortung für die Prozesse der Beziehung zum Kind übernehmen müssen, damit die Beziehung nicht destruktiv verläuft (Juul 2006: 34). „Erwachsene haben das gleiche Bedürfnis, gesehen, gehört und ernst genommen zu werden, aber das geschieht nur so weit, wie sie an der Verantwortung für die Beziehung festhalten und sie ausüben" (Juul und Jensen 2009: 153). Die traditionelle Doppelmoral in der Pädagogik (‚Gute Beziehungen sind mein Erfolg, an Problemen hat das Kind schuld!') wurde bereits im Kapitel 3.4.1 über Schuldzuweisungen erwähnt (ebd. 53). Dabei hat sich im Vergleich zu früherer Pädagogik einiges verbessert: „Erwachsene begegnen Kindern mit einer Ernsthaftigkeit und einem Interesse, die in vieler Hinsicht einzigartig sind, und Kinder und Jugendliche sprechen mit Erwachsenen über Gedanken, Gefühle und Erlebnisse, worüber zu reden noch vor einer Generation unmöglich war. Aus pädagogischer Sicht besteht das Hauptproblem darin, dass häufig das Verhalten des Kindes oder des Jugendlichen den Umgangston der Erwachsenen definiert. Die Offenheit, das Interesse und die Empathie der Fachleute scheinen in dem Umfang abzunehmen, wie das Verhalten des Kindes als störend, problematisch oder falsch eingestuft wird. Als Folge führen die Erwachsenen und Kinder, die ein paar gute Gespräche am nötigsten brauchen, eben diese nicht" (ebd. 293). Zur Verantwortung für die Beziehung gehört es auch, dass Erwachsene dem Kind helfen, authentisch auf die Angebote der Erwachsenen zu reagieren (ebd. 306). Denn auch wenn Kinder heute unbefangener gegenüber Erwachsenen sind, haben sie nicht immer den Mut und die Fähigkeit, sich persönlich auszudrücken (ebd. 306). Möglichkeiten hierzu werden in den Kapiteln 9.2 zu aktivem Zuhören und 9.3 zur persönlichen Sprache vorgestellt.

In den Verantwortungsbereich der Erwachsenen gehört jedoch nicht nur die Beziehung. Weil Kinder sich nicht selbst betreuen können, haben Erwachsene beispielsweise die Verantwortung für die meisten Entscheidungen, aber auch für die Einbeziehung des Kindes in diese Entscheidung (ebd.

117–118). Auf solche pädagogische Führungskompetenzen wird in den Kapiteln 6 und 7 näher eingegangen. Erwachsene haben auch die Verantwortung für Selbstgefühl und Integrität auf beiden Seiten, also sowohl beim Kind als auch bei sich selbst (ebd. 182; 324). Dies alles umfasst jedoch nicht den Anspruch, Erwachsene müssten gegenüber Kindern immer vernünftig und ausgeglichen sein (ebd. 126). Siehe hierzu auch Kapitel 10.1.

4.5.3 Entwicklung von sozialer und persönlicher Verantwortung

Zum pädagogischen Ziel der Selbständigkeit gehört, dass Kinder lernen, Verantwortung zu übernehmen. Wie schon im Kapitel zur Integrität beschrieben, können Kinder Verantwortung für die eigene Integrität übernehmen und es zeigen, wenn ihre Grenzen überschritten werden (Juul 2006: 57). Kinder müssen also nicht erst lernen, persönliche Verantwortung zu übernehmen, vielmehr müssen Erwachsene lernen, Äußerungen persönlicher Verantwortung des Kindes wahrzunehmen, anerkennend darauf zu reagieren und die Umsetzung in realistischem Umfang möglich zu machen (Juul und Jensen 2009: 104). Wenn Kinder darin unterstützt werden, persönliche Verantwortung zu übernehmen, entwickeln sie gleichzeitig soziale Verantwortung: „Wenn ein Kind zwischen Erwachsenen aufwächst, die für seine persönliche Integrität sorgen, die eingreifen, sobald ihnen auffällt, dass das Kind überkooperiert, und dadurch daran mitwirken, die Entwicklung des gesunden Selbstgefühls und eines hohen Grades an Eigenverantwortlichkeit zu sichern, so ist, auf dem Hintergrund alles dessen, was wir von dem Drang der Kinder zu Zusammenarbeit wissen, nichts Mystisches darin, dass dieses Kind als Zugabe sich zu einem sensitiven, rücksichtsvollen und sozialen Erwachsenen entwickeln wird" (Juul 2006: 138). Soziale Verantwortung entwickelt sich nach Juul also von selbst und bedarf keiner Erziehung, wenn die persönliche Verantwortung des Kindes geachtet wird.

4.6 Transfer zu Erwachsenen mit geistiger Behinderung

Die Vorbildfunktion von Pädagoginnen gegenüber Erwachsenen mit geistiger Behinderung ist wahrscheinlich kleiner als gegenüber Kindern. Erwachsene, ob mit Behinderung oder nicht, haben vermutlich den Großteil ihrer Verhaltensweisen bereits ausgebildet und gefestigt. Außerdem lernen Kinder besonders von ihren Eltern (Gordon 1993: 110), pädagogische

Beziehungen sind dagegen oft weniger eng. Dennoch ist beispielsweise zu beobachten, dass Menschen mit geistiger Behinderung untereinander oft einen ähnlichen Befehlston anschlagen wie den, den sie regelmäßig von Pädagoginnen hören.[43] Erwachsene mit geistiger Behinderung orientieren sich also vermutlich am Verhalten von Pädagoginnen, wenn auch nicht so ausgeprägt wie Kinder.

Es gibt keinen Grund nicht anzunehmen, dass das Erfüllen von entsprechenden <u>Bedürfnissen</u> nicht auch bei Erwachsenen mit geistiger Behinderung unerwünschtes Verhalten abbauen kann.

Der <u>Konflikt zwischen Integrität und Kooperation</u> unterscheidet sich bei Erwachsenen mit geistiger Behinderung nicht grundsätzlich von dem der Kinder, wenn auch andere Faktoren mit einbezogen werden müssen. Grundsätzlich sind alle Menschen immer wieder mit diesem Konflikt konfrontiert (Juul 2009: 52). Erwachsene entscheiden sich dabei genau wie Kinder in ihnen wichtigen Beziehungen für die Kooperation (Juul und Jensen 2009: 70).[44] Ob die Beziehung zu Pädagogen für einen Menschen mit geistiger Behinderung wichtig ist, ist vermutlich individuell sehr unterschiedlich. Erwachsene werden im Umgang mit diesem Konflikt außerdem beeinflusst von diesbezüglichen Kindheitserfahrungen: „Die Summe der in der Kindheit und Jugend gesammelten Erfahrungen mit diesen grundlegenden, existenziellen Konflikten bestimmt die Qualität unseres Beitrags zu den privaten und sozialen Beziehungen, die wir später in unserem Leben mit anderen wichtigen Menschen eingehen, nicht als ein unverbrüchliches Muster, sondern als ein Muster, das sich unter Eindruck von persönlicher Reflexion und Feedback beider Seiten in den neuen Beziehungen verändern kann" (ebd. 70). Wer in diesem Konflikt oft Integritätsverletzungen erlebt, wird dies als Normalfall wahrnehmen und immer weniger persönliche Verantwortung für die eigene Integrität übernehmen, wenn neue Beziehungen nicht ausdrücklich gegensteuern. Bei Erwachsenen mit geistiger Behinderung muss davon ausgegangen werden, dass sie hauptsächlich ne-

---

[43] Eigene Erfahrungen besagen, dass Pädagogen manchmal auf diesen Befehlston unter Menschen mit geistiger Behinderung selbst wieder mit Kritik und Befehlen reagieren: ‚So redet man nicht mit seinem Freund!'
[44] Juul und Jensen sprechen hier zwar nicht explizit von Erwachsenen mit geistiger Behinderung, doch vermutlich gilt dies auch für sie.

gative Erfahrungen gemacht haben bei dem Versuch, Kooperation mit ihrer Integrität zu verbinden. Juul und Jensen schreiben von Menschen mit Behinderungen, die sich oft zu Objekten der (meist wohlmeinenden) Eltern oder Fachleuten reduziert fühlen (ebd. 122). Diese sind so mit der Behinderung beschäftigt, dass sie den Menschen und seine Signale bezüglich seiner verletzten Integrität übersehen (ebd. 122). Besonders Menschen in helfenden Berufen und Positionen neigen oft zur Bevormundung, statt die persönliche Verantwortung ihrer Klienten, Kinder usw. zu achten.[45] Jantzen (2002: 33) spricht hier sogar von paternalistischer Unterdrückung. Wo Menschen mit Behinderung persönliche Verantwortung übernehmen und sich gegen pädagogische Maßnahmen wehren, die ihre Integrität verletzen, wird ihr Verhalten der Behinderung zugeschrieben (ebd. 33–34). Diese Pathologisierung „sichert, dass sich [die] wohltätigen Helfer immer dann, wenn ihre Wohltat nicht erwidert wird, selbst als Opfer fühlen können, indem der andere zur bloßen Natur oder zum kriminellen Subjekt erklärt wird" (ebd. 34). Auch hier lässt sich also die traditionelle Doppelmoral der Pädagogik finden: ‚Wenn die Beziehung zu einer Frau mit geistiger Behinderung nicht gelingt, ist sie oder ihre Behinderung schuld, nicht ich als Pädagogin! Wenn die Beziehung allerdings gelingt, ist dies mein Erfolg oder der meiner pädagogischen Methoden'. Pädagogen sollten also, statt Schuld zuzuweisen, Verantwortung übernehmen für eigene Fehler und Schwächen. Wenn die ihnen Anvertrauten die Grenzen ihrer Integrität zeigen, sollten sie diese schützen. Denn Menschen, deren Integrität und persönliche Verantwortung stattdessen durch paternalistische Strukturen und Bevormundung übergangen werden, haben die Wahl zwischen zwei Übeln: direkt oder spiegelverkehrt zu kooperieren (Juul und Jensen 2009: 122–123). Sie können ihre Integrität aufgeben, was sie jedoch in ihrer Selbständigkeit und Entscheidungsfähigkeit einschränkt, oder sie können dagegen

---

[45] „Viele Mütter und Krankenschwestern - zwei repräsentative Beispiele - leben für und durch die Liebe zum Nächsten. Doch ihre Kinder und Patienten bedrücken sie als entmündigende, bedrohliche Über-Frauen und Helfermonster. Es tut dem eigenen Ego ungemein wohl zu spüren, dass fremde Existenzen ohne unsere Hilfe kaum lebensfähig sind. Der fehlende Selbstwert erhöht sich um den Preis gegenseitiger Abhängigkeit: Die Helfenden fühlen sich zurückgewiesen, wenn die Betreuten eigene Wege gehen wollen. Mit raffinierten Seelenködern werden die Hilfsbedürftigen - seien es Kinder, Patientinnen, Gefangene, Asylsuchende, psychisch Angeschlagene - in seelische Fallen gelockt" (Zeltner 1993: 196).

ankämpfen, was jedoch meist kein Kampf für sich selbst ist, sondern ein Kampf gegen die Pädagoginnen und ihre Angebote (ebd. 122–123). Das Aufgeben der eigenen Integrität und der persönlichen Verantwortung lässt sich in Institutionen so oft beobachten, dass es einen entsprechenden Fachbegriff gibt: die bereits oben erwähnte erlernte Hilflosigkeit. Darum brauchen Pädagoginnen vermutlich ein sehr feines Gespür für Äußerungen persönlicher Verantwortung und Integrität.

Das Aufgeben der Kooperation geschieht bei Kindern nur dann, wenn „sie viel zu lange mit destruktiven Phänomenen in ihrer Familie kooperiert haben oder [wenn] sie direkten Verletzungen ihrer Integrität ausgesetzt sind" (Juul 2006: 81). Vermutlich reagieren so auch manche Erwachsene mit geistiger Behinderung. Bei Kindern geschieht dies eher selten; bis sie sich bewusst unverwundbar machen können gegenüber Integritätsverletzungen durch Erwachsene, sind Kinder meist schon recht groß oder sehr verstört (Juul und Jensen 2009: 149).[46] Die meist überdurchschnittlich große Zahl von negativen Erlebnissen im Leben mit geistiger Behinderung könnte hier eine Rolle spielen, weil sie zu größeren oder mehr Verletzungen und größerer Verletzlichkeit führen können. Es könnte also sein, dass einige Erwachsene mit geistiger Behinderung schon ‚verstört‘ bzw. verletzt genug sind oder leichter ‚verstört‘ genug werden, um eine Kooperation aufzugeben. Die Kooperationsbereitschaft von einigen Erwachsenen mit geistiger Behinderung ist also vielleicht geringer als die von Kindern, wenn ihre Integrität auf dem Spiel steht. Im Zuge der Pathologisierung kann es dann passieren, dass daraus resultierendes Verhalten als Verhaltensauffälligkeit, Verhaltensstörung oder herausforderndes Verhalten bezeichnet wird. So ‚diagnostizierte‘ Menschen bloß zur Kooperation zu zwingen, heißt dann, ihre Integrität als eigentliche Ursache der fehlenden Kooperation zu übergehen. In solchen Fällen ist es also besonders wichtig, ihre Integrität zu schätzen und entsprechende Äußerungen wahrzunehmen und zu achten.

Da die Förderung von persönlicher Verantwortung eng mit der in der UN-Behindertenrechtskonvention geforderten Autonomie in Verbindung steht, ist diese auch bei Erwachsenen mit geistiger Behinderung als wichtig

---

[46] Ob Juul und Jensen mit ‚groß‘ die Lebenserfahrung meinen oder Fähigkeiten, die in Zusammenhang mit bestimmten Entwicklungsstufen stehen, ist leider nicht ersichtlich. Darum kann nur der Aspekt der ‚Verstörung‘ bzw. Verletzung für den Transfer genutzt werden.

anzusehen. Ob Erwachsene mit geistiger Behinderung die Mitverantwortung für die Qualität der pädagogischen Beziehungen übernehmen können, lässt sich aufgrund der Heterogenität innerhalb der Gruppe nicht pauschal beantworten. Beeinflussende Faktoren sind vielleicht das Entwicklungsniveau (vor allem das emotionale), der Grad der persönlichen Verantwortungsübernahme bzw. der erlernten Hilflosigkeit und die bisherigen Erfahrungen in Beziehungen. Vermutet wird, dass einige Erwachsene mit geistiger Behinderung die Verantwortung für die Beziehung in unterschiedlichem Maße teilen können, dass aber Pädagogen in vielen Beziehungen die übergeordnete Verantwortung für die Prozesse in der Beziehung übernehmen sollten.

5 Das Herstellen einer gleichwürdigen Beziehung

Ein fundamentales Bedürfnis aller Menschen ist es, gesehen, gehört und ernst genommen zu werden (Juul 2009: 24–25). Um diesem Bedürfnis gerecht zu werden, braucht es Gleichwürdigkeit (Juul 2009: 24–25) und wohl auch entsprechende Beziehungskompetenzen. Nur auf dieser Grundlage können Erziehungsmethoden gewaltfrei und gleichzeitig verantwortungsvoll sein.

5.1 Gleichwürdigkeit

Gleichwürdigkeit bedeutet nach Juul „sowohl ‚von gleichem Wert' (als Mensch) als auch ‚mit demselben Respekt gegenüber der persönlichen Würde und Integrität des Partners'" (Juul 2009: 24). Es geht darum, dass die Ansichten, Gefühle, Wahrnehmungen und das Selbstverständnis beider Seiten gleich ernst genommen und nicht aufgrund von Alter, Geschlecht oder Behinderung abgetan werden (Juul und Jensen 2009: 316, Juul 2009: 24). Bewusst wird hier nicht von absoluter Gleichheit gesprochen (Juul 2006: 41). Gleichheit würde erfordern, Kindern mehr Verantwortung zu übertragen, als ihnen oder der gemeinsamen Beziehung guttut, wie bereits im Kapitel 4.5 beschrieben wurde. Miller nennt es Respekt und Achtung gegenüber dem Kind und schreibt, dass sein Selbstwertgefühl und seine Entfaltungsmöglichkeiten davon abhängen (Miller 1983: 122; 158). Um zu überprüfen, ob das eigene Verhalten die Gleichwürdigkeit des Kindes achtet, können Erwachsene sich fragen, ob sie so mit der Partnerin oder einem Freund sprechen würden oder wie sie selbst innerlich reagieren würden, wenn sie so behandelt werden.[47]

5.2 Beziehung

Eine zweite Grundvoraussetzung, um Pädagogik gewaltfrei und verantwortungsvoll zu gestalten, sind positive Beziehungen und Bindungen. Bei Bindung geht es um die „Existenz von positiv gefühlsbesetzten Räumen von Vertrautheit. Nur in ihnen sind [...] Neugierverhalten, sicheres Lernen und Entwicklung möglich" (Jantzen 2007: 53). Beziehungskompetenzen der Erwachsenen sind nach Juul und Jensen (2009: 12) eine notwendige Voraussetzung für die Internalisierung sozialer Kompetenzen auf Seiten der Kinder. Wie bereits beschrieben bedingt die Qualität der Beziehung den Vorbildeinfluss (Gordon 1993: 219). Wenn Kinder erleben, dass die Beziehung umkehrbar ist, sind sie auch eher bereit, auch den Erwachsenen zu helfen und ihnen entgegenzukommen (ebd. 250). Ostermeier schreibt unter Berufung auf Zullinger und Reik, dass durch eine gute Beziehung am besten erreicht werden kann, dass ein Kind freiwillig Fehler gesteht und Schuldgefühle entwickelt, wenn es Bedürfnisse der Erwachsenen verletzt hat (Ostermeier 1980: 40–41). Wie wichtig eine gute Beziehung sein kann, wird auch in der Sozialpädagogik und Psychotherapie betont: Untersuchungen haben hier ergeben, dass persönlicher Kontakt, persönliche Gegenwart und persönliches Engagement der Fachperson und damit die Qualität der Beziehung entscheidenden Einfluss auf den Erfolg einer Beratung oder Therapie haben (Juul und Jensen 2009: 186).

Professionelle Beziehungskompetenz definieren Juul und Jensen (2009: 178) erstens als Fähigkeit, das Kind zu ‚sehen‘ und das eigene Verhalten darauf abzustimmen, ohne jedoch die Führung abzugeben, zweitens als Fähigkeit, authentisch zu sein und drittens als Fähigkeit und Willen, die Verantwortung für die Qualität der Beziehung zu übernehmen. Letzteres wurde bereits im Kapitel 4.5 kurz angesprochen. Bei dieser Verantwortung

---

[47] Der Däne Jesper Juul sagt beispielsweise in einem Vortrag: „Mit Kinder ist es genauso schwierig, oder einfach, wie mit Erwachsene – also mir richtige Menschen (im Scherz, Anm. d. Verf.). Wahrscheinlich ich komme morgen irgendwann zu Haus und will irgendwas und meine Frau ist wie gewöhnlich glaub ich ungehorsam. Und? Und was? Was soll ich die bestrafen? Soll ich sagen: ‚Jetzt darfst du nicht...‘?" (Juul und Hüther 2009).

muss unterschieden werden zwischen der Inhalts- und der Prozessdimension einer Beziehung: „Die Inhaltsdimension umfasst das, was wir zusammen tun und worüber wir sprechen [...]. Die Prozessdimension umfasst die Art und Weise, wie wir die Dinge tun, nicht nur die pädagogische Methode, sondern auch die vielen anderen Phänomene, die mitwirken, den ‚Ton‘, die Stimmung und die Atmosphäre im Leben und in der Zusammenarbeit zu vermitteln: die Körpersprache, die indirekte Kommunikation, [...] die offen geäußerten und verborgenen Einstellungen, Tagesabläufe oder kurz gesagt: die Summe unseres bewussten und nicht bewussten äußeren und inneren Verhaltens" (ebd. 146–147). Die Prozessdimension beeinflusst den Inhalt mehr als umgekehrt und sollte darum von Pädagoginnen und Eltern als wichtiger angesehen werden (ebd. 147; 293). Dies beinhaltet die Fähigkeit, die pädagogische Absicht zu ‚vergessen‘ oder zu abstrahieren und die Qualität der aktuellen Beziehung höher einzustufen (ebd. 293). Die Verantwortung für diese Prozessdimension liegt bei den Erwachsenen, er wird unter anderem beeinflusst durch ihre Persönlichkeit, Lebenserfahrung, Lebenseinstellung, ihren Überblick und ihre Konfliktlösefähigkeit (Juul 2006: 33).[48] Von der Qualität des Prozesses hängt ab, in welchem Umfang sich konstruktive und destruktive Muster der Beteiligten wiederholen und sich im Prozess manifestieren (Juul und Jensen 2009: 148). Im therapeutischen Bereich wird davon gesprochen, dass Beziehungen entweder symptomschaffend, symptomaufrechterhaltend oder symptomheilend wirken können (ebd. 148). Das Interessante an symptomheilenden Beziehungen ist, dass das destruktive oder selbstzerstörerische Verhalten nicht nur in dieser, sondern auch in den anderen Beziehungen der Person aufgegeben wird (ebd. 148). Wenn Erwachsene die Verantwortung für die Prozessdimension übernehmen und die Wirklichkeit des Kindes ernst nehmen, tragen ihre Interventionen „sehr häufig dazu bei, das Signalverhalten des Kindes zu mildern oder sogar abzustellen" (ebd. 152). Das bedeutet also, „dass eine sehr gute derzeitige Beziehung die negativen Folgen der früheren Beziehungen aufheben oder abschwächen kann. Das gilt auch für destruktive Phänomene in einer gemeinsamen Geschichte" (ebd. 226).

---

[48] Auch Kinder beeinflussen den Beziehungsprozess, unter anderem mit ihrer fehlenden Lebenserfahrung, ihrer Logik, ihrer Sensitivität gegenüber Konflikten, ihrem Wunsch nach Kooperation und ihrer Kreativität (Juul 2006: 34). Doch verantwortlich dafür können sie nicht sein, das Resultat wird destruktiv sein (ebd. 34).

5.3 Akzeptanz und Anerkennung der Persönlichkeit

Nach dem Philosophieprofessor Axel Honneth (2012: Klapptext) hängt die Integrität und Selbstachtung eines Menschen von der Anerkennung ab, die er bekommt (ebd. 212–217).[49] Er schreibt von der „konstitutionellen Abhängigkeit des Menschen von der Erfahrung der Anerkennung [...]: um zu einer geglückten Selbstbeziehung zu gelangen, ist er auf die intersubjektive Anerkennung seiner Fähigkeiten und Leistungen angewiesen; bleibt eine solche Form der sozialen Zustimmung auf irgendeiner Stufe seiner Entwicklung aus, so reißt das in seiner Persönlichkeit gleichsam eine psychische Lücke auf, in die negative Gefühlsreaktionen wie die Scham oder die Wut treten" (ebd. 220). Hier soll es allerdings nicht nur um die Anerkennung der Fähigkeiten und Leistungen gehen.[50] Damit eine Person Selbstgefühl entwickeln kann, ist es elementar wichtig, dass sie gesehen und anerkannt wird, so wie sie ist, dass sie erleben kann, dass sie für andere wertvoll ist, so wie sie ist (Juul 2006: 107; 115).

Für die Therapie[51] fordert Rogers eine warmherzige, positive und akzeptierende Haltung gegenüber Klienten: „Dies bedeutet, dass [der Therapeut] den Klienten als Persönlichkeit schätzt, und zwar etwa mit jener Gefühlsqualität, die Eltern für ihr eigenes Kind empfinden, wenn sie es als Persönlichkeit, ungeachtet seines augenblicklichen Verhaltens, anerkennen. [...] Das Gefühl, das ich beschreibe, ist weder partiarchalisch [!] noch sentimental, auch ist es nicht von einer oberflächlich-liebenswürdigen Zuwendung. Es achtet den anderen Menschen als eigenständiges Individuum und ergreift nicht Besitz von ihm" (Rogers 2004: 218). Eine Person so zu akzeptieren, wie sie ist, ist „der maßgebliche Faktor für die konstruktive Verände-

---

[49] Was hier und im Folgenden über Menschen gesagt wird, gilt selbstverständlich für Kinder: auch Kinder sind Menschen.

[50] Wie in Kapitel 2.5.2 bereits beschrieben, stärkt Anerkennung der Leistung das Selbstvertrauen, aber nicht das Selbstgefühl.

[51] Die Prinzipien in der von ihm begründeten personenzentrierte Psychotherapie lassen sich auch auf Beziehungen mit Kindern übertragen, wie sein Mitarbeiter Thomas Gordon beweist (Gordon 1993: 226–227). Dieser schreibt, „dass die gleichen Fähigkeiten, die professionelle Therapeuten erlenen, um Menschen Problemlösungen zu erleichtern, auch Problemlösungen in anderen wichtigen Beziehungen leichter machen" (ebd. 226).

rung des Verhaltens dieser Person, für die Förderung ihrer Problemlösungsfähigkeit, ihrer seelischen Gesundheit und ihres produktiven Lernens. Es ist eines der wunderbaren Paradoxe des Lebens, dass Menschen, die sich ganz tief von anderen so akzeptiert fühlen, wie sie sind, die Freiheit haben, darüber nachzudenken, wie sie sich entwickeln, wachsen, verändern und mehr zu dem werden wollen, wozu sie sich befähigt fühlen" (Gordon 1993: 239). Nach Juul und Jensen ist anerkennende Kommunikation auch eine wesentliche Teilvoraussetzung für die Entwicklung der persönlichen und emotionalen Kompetenz[52], die sie wiederum für eine Voraussetzung der Entwicklung sozialer Kompetenz halten (Juul und Jensen 2009: 330). Das liegt daran, dass Kinder sich in unterschiedlichem Maße auf Gemeinschaft einlassen, und zwar abhängig davon, wie sie sich von der Gemeinschaft behandelt fühlen (ebd. 330). Ein Kind fühlt sich am wohlsten und entwickelt sich am besten in Subjekt-Subjekt-Beziehungen, in denen es als selbständige Person begriffen und behandelt wird und aktiv mitwirken kann (ebd. 170). Im Gegensatz dazu wird in der traditionellen Pädagogik das Kind als Objekt einer Subjekt-Objekt-Beziehung gesehen, in der die Erwachsenen etwas mit und am Kind tun (Juul und Jensen 2009: 170).

Gordon beschreibt drei Grundmethoden, um Akzeptanz zu demonstrieren: Nichtintervention, passives Zuhören und aktives Zuhören (Gordon 1993: 240). Wenn Erwachsene in die Aktivität des Kindes eingreifen, vermittelt dies dem Kind den Eindruck, dass es nicht gut genug sei (ebd. 240). Wenn Erwachsene dagegen *nicht intervenieren*, versteht das Kind das so, dass sein Verhalten für die Erwachsenen akzeptabel ist (ebd. 240). Beim *passiven Zuhören* geht es darum, aufmerksam zu schweigen, während das Gegenüber Gefühle ausdrückt oder ein Problem mitteilt; die Aufmerksamkeit zeigt sich durch Körperhaltung und Blickkontakt (ebd. 240). Beim *aktiven Zuhören* wird das Gehörte zurückgespiegelt (ebd. 242). Hierauf wird gesondert im Kapitel 9.1 eingegangen.

5.4 Erleben und Bedürfnisse des Kindes ernst nehmen

Jemanden ernst zu nehmen bedeutet nach Juul, den Ausdruck seiner Gefühle, Erlebnisse und Bedürfnisse wahrzunehmen und anzuerkennen (Juul 2006: 152). Dazu gehört es auch, die Sichtweise des anderen einnehmen zu

---

[52] Sie berufen sich bei diesem Begriff auf B. Ravn und T. Holst Mortensen (Juul und Jensen 2009: 330).

können, um seine Bedürfnisse und seine Position zu verstehen (ebd. 152). Das Ziel dabei ist nicht, Beweise gegen ihn zu sammeln, sondern ihn und seine Wirklichkeit kennen zu lernen um mit Verständnis darauf reagieren zu können (ebd. 152). Kinder, deren Äußerungen nicht ernst genommen werden, lernen, dass ihre Wünsche und Bedürfnisse für die Erwachsenen unwichtig oder störend sind (Juul 2006: 154). Sie werden defensiv, klagend, scheinbar egozentrisch (ebd. 154), verschlossen oder entwickeln Hemmungen, über ihre Gefühle zu sprechen (Zeltner 1993: 202). Wortgewandte Kinder können ihr Dilemma so formulieren: ‚Die Erwachsenen entscheiden alles, ich darf nie selbst bestimmen!‘ (Juul 2006: 157). Weniger wortgewandte Kinder werden rechthaberisch, ewig quälend, fordernd, pingelig, machthungrig oder dominant (ebd. 157). Umgekehrt fand der Psychologe James W. Pennebaker nach Miller heraus, dass sich sogar der Gesundheitszustand bessern kann, wenn jemand die Möglichkeit hat, von schmerzlichen Erlebnissen zu erzählen und dabei Interesse und Verständnis vom Zuhörer erfährt (Miller 2001: 35).

Die Gefühle des Kindes ernst zu nehmen bedeutet jedoch nicht, sich immer danach zu richten (Juul und Jensen 2009: 155). Auch die beste Mutter kann nicht alle Wünsche und Bedürfnisse ihres Kindes befriedigen (Miller 1983: 293). Wenn Erwachsene keine Möglichkeit zur Verwirklichung seiner Wünsche oder Bedürfnisse sehen, können sie das Kind entweder nach Ideen fragen oder ihm sagen, dass eine Realisierung leider nicht möglich ist - denn auch dadurch erlebt das Kind, dass es ernst genommen wird (ebd. 117). Nicht die inhaltliche Entscheidung, dem Kind einen Wunsch abzuschlagen, gibt dem Kind das Gefühl, nicht ernst genommen zu werden (Juul und Jensen 2009: 108). Wenn es einfühlsam und ohne Belehrung damit konfrontiert wird, dass man nicht immer bekommt, was man will, bekommt ein Kind dennoch, was es braucht: die Wahrnehmung, dass Platz für es ist, so wie es ist (ebd. 108). Entscheidend ist hier die Prozessdimension, also *wie* die Entscheidung getroffen und kommuniziert wird (ebd. 69). Die Reaktion des Kindes ist ein Indikator dafür, ob das Kind sich ernst genommen fühlt: „Ein normales, gesundes Kind kann innerhalb weniger Minuten die Tatsache verarbeiten, dass es nicht das Eis bekommt, auf das es so großen Appetit hat. Hält der Konflikt über diesen Zeitraum hinaus an, hat der Erwachsene sich aller Wahrscheinlichkeit nach in seiner Ablehnung entweder äußerst undeutlich ausgedrückt oder seine prozessuale Macht missbraucht

[...]. Der Konflikt dreht sich nicht mehr um das Eis, sondern um die Qualität der Beziehung" (ebd. 69). Hier kommt es also auf das an, was oben bereits thematisiert wurde: Wenn ein Kind seine Wut und Frustration zeigen darf, ohne Angst haben zu müssen, die Liebe der Erwachsenen zu verlieren, wird es sie nicht verdrängen, es wird sich später weniger aggressiv oder selbstzerstörerisch verhalten und selbständiger entscheiden können (Miller 1983: 106). Zeltner gibt allerdings zu bedenken, dass Kinder selten wirklich ihre Frustrationen und ihre Wut ausdrücken können, ohne sich schuldig zu fühlen, denn zumindest unterschwellig vermitteln Erwachsene meist, dass sie es gut meinen und besser wissen, was dem Kind gut tut (Zeltner 1993: 200). Juul und Jensen (2009: 295) schreiben, dass Kinder meist in einem ‚Code' sprechen und den Schmerz und den Ernst untertreiben, um den Erwachsenen keine Sorgen zu machen. Sie schlagen vor, dass Erwachsene ihnen helfen, ihre Wut in Worte zu fassen, beispielsweise indem sie dem Kind sagen: „„Ich kann sehen, dass du auf mich wütend bist, Nikolai. Ich möchte gern wissen, worauf du wütend bist'" (ebd. 308). Damit akzeptieren sie die Wut, messen ihr einen Wert bei und übernehmen dafür die Mitverantwortung (ebd. 309).

5.5 Empathie

Um das Erleben des Kindes ernst- und überhaupt erst einmal wahrzunehmen, ist Empathie unabdingbar (Juul 2006: 152). Auch um für die Integrität anderer zu sorgen, braucht es sie (Juul 2009: 54). Es ist „die Fähigkeit, sich in andere Menschen hineinzuversetzen, ihre Gefühle und Stimmungen, ihre Bedürfnisse und Grenzen nachzuempfinden" (ebd. 54) und deren persönliche Bedeutung zu erfassen (Rogers 2004: 23).
Für Empathie braucht es Präsenz, also die Bereitschaft und Fähigkeit, ganz für die andere Person und ihre Erfahrungen da zu sein (Rosenberg 2009: 115). Dies beinhaltet, wirklich zuzuhören, statt Trost oder Ratschläge anzubieten (ebd. 113). „Der Glaube, wir müssten Situationen ‚in Ordnung' bringen und dafür sorgen, dass es anderen wieder besser geht, hindert uns daran, präsent zu sein. Menschen in helfenden Berufen [...] sind besonders anfällig für diesen Glauben" (ebd. 114). Das Gefühl, wirklich verstanden zu werden, fördert dagegen Entwicklung. Rogers (2004: 23; 217) nennt einfühlendes Verstehen als eines der ausschlaggebenden Faktoren für den Erfolg einer Therapie.

Kinder selbst werden mit der notwendigen Grundlage für Empathie geboren (Juul und Jensen 2009: 171). Allerdings brauchen sie liebevolle Zuwendung, um sich weiter zu entwickeln (Miller 2001: 26). Vor allem die diesbezüglichen Erfahrungen der ersten Monate entscheiden darüber, wie sich ihr Gehirn strukturiert (ebd. 26). „Unser Erfolg ist nicht, dass sich viele Kinder zu empathischen Erwachsenen entwickelten, sondern vielmehr, dass die angeborene Fähigkeit zur Empathie bei so vielen Kindern die pädagogischen Anstrengungen überlebte" (Juul und Jensen 2009: 171). So hat auch die Empathiefähigkeit von Erwachsenen viel mit ihren eigenen Kindheitserfahrungen zu tun. Wenn eigene (frühere) Schmerzen verdrängt werden, ist die Sensibilität dafür gegenüber anderen abgestumpft (Juul und Jensen 2009: 229, Miller 1983: 11). Empathie ist somit keine intellektuelle Angelegenheit (Miller 1983: 17). „Das bloße intellektuelle Wissen über Gesetze der kindlichen Entwicklung schützt uns nicht vor Ärger oder Wut, wenn das Verhalten des Kindes unseren Vorstellungen oder Bedürfnissen nicht entspricht, geschweige denn, wenn es unsere Abwehrmechanismen bedroht" (ebd. 17). Um die Möglichkeit, schmerzhafte Erlebnisse aus der eigenen Kindheit zu verarbeiten und dadurch empathischer zu werden, wird es in Kapitel 7.3 gehen.

5.6 Interesse für das Kind

Empathie steht auch in Wechselwirkung mit der Bereitschaft, Interesse für das Kind zu haben: es braucht Empathie, um etwas über das Kind zu lernen (Miller 1983: 123). Gleichzeitig steigt die Empathie mit dem Kennenlernen (ebd. 123). Das heißt: je mehr man über das Kind weiß, desto mehr Empathie kann man für es empfinden. Damit ist das Interesse für die Persönlichkeit des Kindes eine wichtige Komponente der pädagogischen Beziehungskompetenz. Zum diesem Interesse gehört es, das Kind zu seinen eigenen Prämissen zu ‚sehen'(Juul und Jensen 2009: 116). Das heißt, hinter das am stärksten auffallende Verhalten zu schauen, und zwar nicht im psychologisierenden Sinn, der nur nach einer Erklärung fragt (ebd. 180). „Es bedeutet auch die Fähigkeit, den Kummer in den Augen eines Kindes zu sehen, wenn das am stärksten ins Auge fallende Verhalten Hyperaktivität und Wut ist; den Widerwillen in der Körpersprache eines Kindes zu sehen, wenn es Ja zu einer Absprache sagt; [...] die Einsamkeit beim ‚Liebling aller' zu sehen" (ebd. 180). Diese Informationen helfen den Erwachsenen, ihr Bild vom Kind immer wieder zu modifizieren, das Kind immer genauer zu ‚sehen' und dies schließlich in einer anerkennenden Sprache rückzumelden (ebd. 180). So spielt Interesse für das Kind eine Schlüsselrolle bei der Integrität (Juul 2009: 58), denn durch Rückmeldung lernt das Kind seine Integrität besser kennen (Juul und Jensen 2009: 181). Auch Erwachsene können sie wohl nur dann schützen, wenn sie sie kennen. Ebenso wird durch Interesse das Selbstgefühl des Kindes gefördert, der Kontakt wird persönlicher und auch die Erwachsenen werden vom Kind mit mehr Respekt und Empathie behandelt (ebd. 181). Auch Zuwendung und Liebe benötigen Interesse für das Kind und seinen Ausdruck (Miller 1983: 123).

Erwachsene sind an Kindern, mit denen sie arbeiten oder deren Eltern sie sind, fast per definitionem interessiert (Juul und Jensen 2009: 116). Allerdings können nur wenige dieses Interesse in Gesprächen ausdrücken, „die das Kind nicht als sinnlose Routine (‚Wie war's heute in der Schule?') als Interview (in dem der Erwachsene nichts von sich erzählt, sondern nur Fragen stellt), als Verhör (das immer Misstrauen ausdrückt) oder als Belehrung (die häufig auf die Fragen folgt) wahrnimmt" (ebd. 116). Dies mag auch daran liegen, dass den Pädagogen eine entsprechende sprachliche Tradition und Vorbilder fehlen: es haben wohl nur wenige von ihnen erlebt, dass ihre eigenen Eltern mit ihnen Gespräche aufgrund eines wahren Interesses geführt hatten (ebd. 116). Und so hängt die Fähigkeit, ein Kind zu ‚sehen', von vier Faktoren ab: 1. dem Willen des Erwachsenen; 2. der Erfahrung, als Kind ‚gesehen' worden zu sein und der heutigen Wahrnehmung des Erwachsenen ‚gesehen' zu werden; 3. dem Menschenbild bzw. den Erfahrungen mit Kindern (‚Wir sehen, was wir sehen wollen!') und 4. der pädagogischen Entwicklung, die miteinschließt, wie sehr Verhalten anderer auf die eigene Person bezogen wird (ebd. 179). Um die eigene Offenheit weiterzuentwickeln hilft es, sich jeden Morgen aufs Neue zu fragen, aus welchen Persönlichkeiten sich die Familie oder Kindergruppe zusammensetzt (Juul 2009: 58). Es lässt sich außerdem viel über Kinder lernen, indem man sie in die Entscheidungsfindung miteinbezieht (Juul und Jensen 2009: 105), was im Kapitel 8 genauer dargestellt wird.

5.7 Transfer zu Erwachsenen mit geistiger Behinderung

Die Intention der UN-Behindertenrechtskonvention ist nach Art. 1 unter anderem, die Achtung der Würde, die Menschen mit Behinderungen innewohnt, zu fördern. Damit besteht die Forderung nach Gleichwürdigkeit auch für Erwachsene mit geistiger Behinderung.

Bindung und Beziehung gestalten sich wie bereits beschrieben zu Eltern etwas anders als zu pädagogischem Fachpersonal. In professionellen pädagogischen Beziehungen gilt jedoch, „dass die konstruktiven Qualitäten [...] im Großen und Ganzen von der Wiege bis zum Grab die gleichen bleiben" (ebd. 14). Die nötigen Beziehungskompetenzen gegenüber Kindern und sind also die gleichen wie gegenüber Erwachsenen mit geistiger Behinderung. Ebenfalls für beide Personengruppen gilt, dass sie sich nur bei sicherer Bindung entwickeln können (Jantzen 2007: 53). Für Menschen mit geistiger Behinderung sind solche guten Beziehungen allerdings besonders relevant, weil diese ausnahmslos deutlich auf die Qualität ihrer Beziehungen reagieren (Juul und Jensen 2009: 148). Hinzu kommt die Wichtigkeit des Umstandes, dass gute derzeitige Beziehungen negative Folgen von destruktiven früheren Beziehungen abschwächen können (ebd. 226), weil davon ausgegangen werden muss, dass Menschen mit geistiger Behinderung überdurchschnittlich viele destruktive Beziehungen erlebt haben (Sinason 2000: 19, Jantzen 2016: 169).

Gleichwürdige Subjekt-Subjekt-Beziehungen sind für sie alles andere als selbstverständlich, viele Menschen mit Behinderungen fühlen sich zu Objekten von pädagogischen, therapeutischen und medizinischen Maßnahmen reduziert (Juul und Jensen 2009: 122). Hinzu kommt, dass das Verhalten von Stigmaträgern oft als Ausdruck des Stigmas wahrgenommen wird.[53] Das bedeutet für Menschen mit geistiger Behinderung, dass viele ihrer Verhaltensweisen als Ausdruck der Behinderung wahrgenommen werden und nicht als persönlicher Ausdruck eines Subjektes. Juul schreibt, dass Menschen mit besonderen Merkmalen (also auch geistiger Behinderung) manchmal als ‚unsichtbare' Kinder aufwachsen, also „dass sie ganz

---

[53] Goffman schreibt z.B. von kleinen Fehlern, die fälschlicherweise dem Stigma zugeschrieben werden, und von unbedeutenden Fähigkeiten, die aufgrund des Stigmas für bemerkenswert gehalten werden (Goffman 1975: 24–25).

konsequent so, wie sie sind, und so, wie es ihnen geht, nicht ‚gesehen' werden" (Juul 2006: 116). Ein Grund dafür, nur dem oberflächlichen Merkmal Aufmerksamkeit zu schenken, kann paradoxerweise die Angst sein, dass andere das tun werden (ebd. 117). So können Eltern z. B. aus Angst, dass ihr Kind wegen seines Übergewichtes gehänselt wird, sich darauf fixieren, das Kind zum Abnehmen zu bewegen (Juul 2006: 117). Ähnlich können Eltern sich ausschließlich auf die Förderung ihres Kindes mit Behinderung konzentrieren und dabei aufhören, das Kind selbst wahrzunehmen. Auch in Beziehungen mit Erwachsenen mit geistiger Behinderung kann das wahrscheinlich geschehen. Außerdem ist zu berücksichtigen, dass sie aufgrund dieses Erlebens in der Kindheit vielleicht besonders explizit gesehen und akzeptiert werden sollten.

Der Großteil der oben angeführten Aussagen über Akzeptanz oder Anerkennung gilt für alle Menschen, also auch Erwachsene mit geistiger Behinderung. Nach Juul und Jensen sind Menschen sich darin gleich, dass sie sich nur dann weiterentwickeln und neue Erkenntnisse in ihr inneres und äußeres Verhalten übertragen können, wenn sie sich selbst annehmen können (Juul und Jensen 2009: 333). Edouard Séguin dachte nach Jantzen sogar, „dieses Problem der geistigen Behinderung beheben zu können, nicht durch ein höheres Maß an Ausgrenzung, sondern durch ein höheres Maß von Anerkennung" (Jantzen 2016: 153). Sinason hält nach Jantzen emotionale Akzeptanz für das „einzig wirksame Mittel" (ebd. 168) in der Arbeit mit Menschen mit geistiger Behinderung. Auch das Ernstnehmen des Gegenübers und das Interesse an ihm haben wahrscheinlich ähnlich große Auswirkungen auf Menschen mit geistiger Behinderung wie auf Kinder. Empathie hat für sie sogar eine noch größere Bedeutung, weil davon ausgegangen werden muss, dass viele Menschen mit geistiger Behinderung negative Erlebnisse bis hin zu Traumatisierungen hatten (Sinason 2000: 19, Jantzen 2016: 169). „Gerade für einen Erwachsenen, der ein traumatisiertes Kind war, ist die Gegenwart von empathischen Menschen von ausschlaggebender Bedeutung'" (Miller 2001: 28).

6 Führung und Autorität

Um ihrer Verantwortung gerecht zu werden, müssen Erwachsene gegenüber Kindern wohl oft Regeln und Grenzen setzen und Führung geben. Im

Folgenden soll es darum gehen, wie dies auf Grundlage von gleichwürdigen Beziehung und Gewaltfreiheit geschehen kann.

In diesem Kontext heißt es oft, dass Kindern heutzutage Disziplin fehle (Juul und Jensen 2009: 76). Das stimmt auch, wenn damit gemeint ist, dass sie sich gegenüber den momentanen Rahmenbedingungen, Regeln und Führungsstilen undiszipliniert benehmen (ebd. 76). Es stimmt allerdings nicht, dass sie nicht grundsätzlich fähig oder bereit zur Disziplin wären: „Der Unterschied zwischen früher und heute ist eher der, dass Kinder darauf bestehen, persönlich dazu ‚Ja' zu sagen, sich der Disziplin zu unterwerfen, die die Aktivität von den Ausführenden verlangt. [...] Die Voraussetzungen, die wir brauchen, um zu der notwendigen Disziplin ‚Ja' zu sagen, bestehen darin, dass wir uns respektvoll und gleichwürdig behandelt fühlen" (ebd. 76). Führung setzt also die im letzten Kapitel beschriebenen Fähigkeiten zum Herstellen einer gleichwürdigen Beziehung voraus.

6.1 Führung

Juul und Jensen beschreiben Führung als die Fähigkeit, „die pädagogischen Prozesse, die zu den angestrebten Zielen führen, zu planen und zu verfolgen, ohne die persönliche Integrität der Kinder zu verletzen, und die Fähigkeit, im Prozess mit persönlicher Autorität anwesend zu sein" (Juul und Jensen 2009: 181). Als Bestandteile dieser Führung nennen sie Anerkennung, Interesse, Authentizität, Entscheidung, Einbeziehung und Konflikt (ebd. 115). Anerkennung und Interesse wurden bereits beschrieben; die anderen Bestandteile werden im Folgenden in eigenen Kapiteln behandelt.

Führung braucht es, weil sie eine geborgene Atmosphäre für Kinder schafft und ihnen ein erwachsenes Vorbild liefert, mit dem sie sich identifizieren und dem gegenüber sie sich erproben können (ebd. 181). Wird die Führung nicht übernommen, weil die Erwachsenen unsicher über die Art und Weise der Führung sind und hauptsächlich auf Verhalten der Kinder *reagieren*, verunsichert und verwirrt Kinder das (ebd. 26).

An dieser Stelle wird an das grundsätzliche Ziel der Integrität erinnert. Führung sollte sich also nicht das Hauptaugenmerk auf die Bewertung von Verhalten legen, zunächst sollte die Loyalität der Erwachsenen beim Kind und seinen Erfahrungen, Einschränkungen und Potenzialen liegen (ebd. 57–58). Miller (1983: 122) beschreibt als Grundlage guter Führung, Achtung vor dem Kind, seinen Rechten und seinen Gefühlsäußerungen zu haben, interessiert an der Persönlichkeit des Kindes zu sein und bereit zu sein, die eigene Kindheit zu verarbeiten. Hierzu sei auf die Kapitel 5 und 7.3 verwiesen.

6.2 Autorität mit Einfluss

Wie in Kapitel 3.2 bereits erwähnt, differenziert Gordon verschiedene Formen der Autorität. Machtbezogene oder M-Autorität nutzt Machtmittel und zielt darauf ab, Kinder zu *kontrollieren* (Gordon 1993: 40–41). Sie ist oft unwirksam und schadet der Beziehung (ebd. 43–44). Erwachsene dagegen, die E-, J- und V-Autorität nutzen, können wirksamen *Einfluss* ausüben (ebd. 44). E-Autorität beruht auf Erfahrung, Wissen, Fähigkeit, Bildung (ebd. 37). Von Menschen, die viel über ein Thema wissen, spricht man als ‚Autorität auf diesem Gebiet' (ebd. 37). Gegenüber Menschen mit E-Autorität haben Kinder meist großen Respekt, sie lernen von ihnen, suchen ihren Rat, folgen ihrem Beispiel; oft überschätzen sie sogar die E-Autorität von Erwachsenen (ebd. 41). Auch Erwachsene schätzen E-Autorität (ebd. 37). Gordon schreibt bspw., dass er sich von seiner Tochter und seiner Frau oft bei der Kleiderwahl beeinflussen lässt, weil diese hier mehr Erfahrung haben (ebd. 37). J-Autorität beruht auf Stellung oder Titeln, das J steht für Job (ebd. 38). Sie gründet sich auf eine gegenseitig anerkannten Stellenbeschreibung, mitsamt Pflichten, Funktionen und Verantwortlichkeiten (ebd. 38). So hat ein Flugkapitän Autorität über Mannschaft und Passagiere (ebd. 38). J-Autorität muss dabei gegenseitig anerkannt sein, wie es bspw. bei der gemeinsam beschlossenen Aufgabenteilung in einer Familie der Fall ist (ebd. 38–39). Gordon vermutet, dass Kinder auch J-Autorität meist respektieren: sie betrachten es in der Regel als legitim, wenn Lehrer Hausaufgaben aufgeben und folgen der Anweisung des Piloten, sich anzuschnallen (ebd. 42). V-Autorität leitet sich ab von den Vereinbarungen, Verträgen und Verpflichtungen, die Menschen in alltäglichen Interaktionen eingehen (ebd. 39). Beispielsweise führen das Versprechen, jemanden abzuholen, oder die Abmachung, vor dem Eintreten an der Zimmertür zu klopfen, zu V-Autorität (ebd. 40). Wenn dies nicht getan wird, erinnert der andere an die Abmachung oder eingegangene Verpflichtung (ebd. 40). V-Autorität kann durch gegenseitige Vereinbarungen mit Kindern genutzt werden, hierauf wird näher im Kapitel 8 über Partizipation eingegangen.

6.3 Persönliche Autorität

Juul und Jensen dagegen stehen rollenbedingter Autorität (also nicht nur M-, sondern auch J-Autorität) kritisch gegenüber und schreiben außerdem, dass sie „schon der Vergangenheit angehört" (Juul und Jensen 2009: 128). Sie schlagen die persönliche Autorität vor, die auf der Fähigkeit und dem Willen basiert, die Beziehung zum Kind mit einem Höchstmaß an Authentizität einzugehen (ebd. 128). Persönliche Autorität ist für die meisten Menschen lernbar und so geht es nicht darum, fertig ausgebildet oder entwickelt zu sein, sondern um die Bereitschaft, sich zu entwickeln (ebd. 134). Hierauf wird in Kapitel 7 näher eingegangen. Persönliche Autorität entwickelt sich erst, wenn die Grenzen des Erwachsenen in Frage gestellt und verletzt werden (Juul 2006: 219–220). Die eigenen Grenzen zu setzen lernt man also dadurch, dass man es tun muss. Wenn Erwachsene den Mut haben, offen, verletzlich und flexibel zu sein und die Verantwortung für die Beziehung zu übernehmen, wächst ihre persönliche Autorität (Juul 2009: 148). Wenn Erwachsene jedoch keine Gleichwürdigkeit praktizieren, sondern die Wahrung der eigenen Integrität über die des Kindes stellen, sinkt die Durchschlagkraft und Glaubwürdigkeit ihrer Autorität (ebd. 144). Das Fundament der persönlichen Autorität ist Authentizität (ebd. 144).

6.4 Authentizität und Kongruenz

Authentizität meint die Fähigkeit, unverstellt und glaubwürdig zu sein (Juul 2009: 68), also die eigenen Gedanken, Wahrnehmungen, Werte, Ziele und Grenzen deutlich und direkt zu zeigen (Juul und Jensen 2009: 80; 115). Authentizität ist jedoch nicht gleichzusetzen damit, den eigenen Gefühlen treu zu bleiben (ebd. 133). Diese sind zwar wichtig für die Suche nach der eigenen Authentizität, doch nicht alle Gefühle sind authentisch (ebd. 133).[54] Jedoch gelingt es den wenigsten, beides voneinander zu unterscheiden, und so ist es wichtiger, gefühlsmäßig spontan zu sein: „Wenn man wütend wird, etwas bereut oder Angst hat, dann ist das einfach so. Und so ist man dann eben - in diesem Augenblick in dieser Beziehung. Vielleicht ist es

---

[54] Unter Schuldgefühlen zu leiden oder für alles Verantwortung übernehmen zu wollen, ist bspw. kein authentisches Verhalten (Juul 2009: 80). Auch permanent nach Bestätigung zu suchen entsteht erst durch viel Kritik oder Lob (ebd. 80). Aggressives Verhalten resultiert ebenfalls aus regelmäßiger Herabsetzung und ist nicht authentisch (ebd. 80).

nicht besonders authentisch, aber es ist ein reales Produkt des Charakters der Beziehung und gehört deshalb so, wie man in der Lage ist, es auszudrücken, zur Beziehung dazu" (Juul und Jensen 2009: 133). Erwachsene, die ihre wahren Gefühle vor Kindern verbergen möchten, scheitern meist, denn schon ein Baby versteht seine Eltern weniger durch Worte als durch Tonfall, Laute und Berührungen (Dreikurs und Grey 1986: 19).

Die Authentizität der Erwachsenen ist eine Voraussetzung für ihre persönliche Autorität und Weiterentwicklung (Juul und Jensen 2009: 181). Auch das Kind hat so nicht nur ein Vorbild, sondern kann auch Verständnis für andere Menschen entwickeln (ebd. 181). Authentizität braucht es bei der Bearbeitung von Konflikten und Problemen und für einen unmittelbaren, warmherzigen Kontakt (Juul 2009: 68–69). Sie ist jedoch nicht nur wichtig, um Gemeinschaft zu schaffen, sondern auch für die psychische, soziale und spirituelle Gesundheit jedes einzelnen (Juul 2006: 42). Rogers beschreibt etwas Ähnliches mit ‚Kongruenz‘ oder Übereinstimmung mit sich selbst (Rogers 2004: 213). Er meint damit, dass ein Therapeut in seiner Beziehung mit Klientinnen echt und ohne Fassade sein soll, dass die „erlebten Gefühle seinem Bewusstsein zugänglich sind, dass er diese Gefühle leben und sein kann und sie - wenn angemessen - mitzuteilen vermag. Das heißt, er begibt sich in eine unmittelbare persönliche Begegnung" (ebd. 213). Inkongruenten Menschen gegenüber schließen andere Menschen sich auch im Alltagsleben nicht besonders weit auf, während kongruenten Menschen vertraut wird (ebd. 213). Damit hält Rogers Kongruenz für die grundlegendste Bedingung einer erfolgreichen Therapie (ebd. 23). Zwar sind auch andere Qualitäten bedeutend, doch wenn sie nicht echt sind, nicht dem aktuellen Erleben der Therapeutin entsprechen, hält Rogers es für besser, nichts vorzutäuschen, sondern sich kongruent zu äußern (ebd. 216). Übertragen auf Pädagogik bedeutet dies wohl, dass es für Erwachsene wichtiger ist, so zu sein, wie sie sind, als bestimmte Methoden anzuwenden oder im Umgang mit Kindern alles perfekt zu machen.

6.5 Bedürfnisse der Erwachsenen als natürliche Grenzen

Authentizität ist deshalb so wichtig für persönliche Autorität, weil sie es ermöglicht, den eigenen Bedürfnissen und Grenzen Geltung zu verschaffen (Juul 2009: 68–69). Wenn davon gesprochen wird, dass Kinder ‚ihre Grenzen erproben‘, geht es nach Juuls Erfahrung nicht um abstrakte Grenzen (ebd. 104–105). Sie untersuchen vielmehr, ob sich ein Mensch hinter der

Rolle verbirgt und fordern authentisches und glaubwürdiges Verhalten (ebd. 104–105). Kinder brauchen also Erwachsene, deren eigene Freiheit ihnen ganz natürliche Grenzen setzt (Miller 1983: 120–121). Erwachsene sollen darum deutlich formulieren, welches ihrer Bedürfnisse das Kind durch sein Verhalten verletzt. Für Kinder ist es leichter und wesentlich einleuchtender, Menschen zu respektieren, als abstrakte Regeln zu respektieren (Juul 2006: 224). „Immer wieder habe ich die Erfahrung gemacht, dass in dem Moment, wo Leute anfangen, über das zu sprechen, was sie brauchen, statt darüber, was mit dem anderen nicht stimmt, die Wahrscheinlichkeit, einen Weg zur Erfüllung aller Bedürfnisse zu finden, dramatisch ansteigt" (Rosenberg 2009: 74).

Der Hinweis auf eigene Bedürfnisse und Grenzen eröffnet auch die Möglichkeit, einen Wunsch des Kindes anzuerkennen und dennoch abzulehnen (Juul und Jensen 2009: 330). Damit können Erwachsene also Akzeptanz vermitteln, ohne die Führung abzugeben oder ‚dem Kind alles durchgehen zu lassen'. Zusätzlich geben die Erwachsenen dem Kind so ein Vorbild, wie man sich abgrenzt (ebd. 330). Dies fördert seine Selbständigkeit und Integrität, spätestens im Jugendalter wird es mit Situationen konfrontiert werden, in denen es selbst seine Grenzen und Bedürfnisse kennen und ausdrücken können muss (Juul 2009: 108). Dies dient also auch zur Prävention, damit Kinder und Jugendliche nicht leicht zu Opfern werden.

Wenn authentische Gefühle wie Frustration nicht gezeigt werden, sondern entweder durch einen appellierenden, bedauernden oder süßlichen Ausdruck maskiert werden oder die Integrität des Kindes durch eine Standpauke verletzt wird, wirkt das unglaubwürdig und schwächt die Position der Erwachsenen (Juul und Jensen 2009: 127). Wenn persönliche Grenzen der Erwachsenen ersetzt werden durch abstrakte Regeln, führt dies sogar zu Orientierungslosigkeit und Verunsicherung des Kindes (Miller 1983: 120). „Dazu ein Beispiel: Ein Vater, der sehr früh zum Gehorsam dressiert wurde, muss unter Umständen sein Kind grausam und gewalttätig zum Gehorsam zwingen [...]. Doch dieses Verhalten schließt nicht aus, dass dazwischen Perioden [...] liegen, in denen der gleiche Vater sich alles gefallen lässt, weil er nie gelernt hatte, die Grenzen seiner Toleranz zu verteidigen. So wird er aus Schuldgefühlen wegen der vorangegangenen, ungerechten Züchtigung plötzlich ungewöhnlich gewährend, sodass er damit die Unruhe des Kindes weckt, das die Ungewissheit über das echte Gesicht seines

Vaters nicht aushält und ihn mit zunehmend aggressivem Verhalten dazu provoziert, endlich die Geduld zu verlieren" (Miller 1983: 120–121).

Wenn Kinder alt genug sind, können Erwachsene ihnen sogar ihre Wut über unerwünschtes Verhalten der Kinder zeigen (ebd. 133). Damit reagieren sie zwar *negativ*, aber nicht *destruktiv*: *Negativer* Einfluss bedeutet, dass jemand seine aktuellen negativen Gefühle zeigt, was ein unvermeidbarer und oft konstruktiver Bestandteil jeder Beziehung ist (ebd. 133). Negative Gefühle sind nicht schlecht für die Entwicklung einer Person oder einer Gruppe, sondern sie zeigen ein Problem an (ebd. 133). *Destruktiver* Einfluss dagegen heißt, die Integrität des Gegenübers zu verletzen oder entgegen den pädagogischen Zielen zu handeln (ebd. 133).

6.6 Entscheidungen treffen

Zum Führen und zur Verantwortung der Erwachsenen gehört es, Entscheidungen zu treffen (Juul und Jensen 2009: 117). Juul schlägt in diesem Zusammenhang vor, den Wunsch des Kindes abzuwägen und dann situationsbezogen und in Übereinstimmung mit sich selbst ein klares ‚Ja' oder ‚Nein' auszusprechen (Juul 2009: 107). Kinder können so etwas zwar nicht immer begreifen, doch „darin besteht eben der Entwicklungsprozess des Kindes: mit Dingen konfrontiert zu werden, deren Sinn sich ihm erst im Laufe der Zeit erschließt" (ebd. 107). Hierbei ist es wichtig, sich nicht von sekundären Überlegungen korrumpieren zu lassen, beispielsweise der Angst vor Konflikten, Schuldgefühlen, Enttäuschung beim Gegenüber oder nicht ausreichenden Argumenten (ebd. 102–104). Ein bedingtes ‚Nein' (bei dem z.B. mitschwingt: ‚...wenn du nicht unglücklich bist oder mich für eine schlechte Mutter hältst') wird nicht respektiert (ebd. 108). Menschen hören meist das, was sie hören wollen, in dem Fall also: es gibt Wege, das ‚Nein' zu umgehen (ebd. 108). Zu einem klaren ‚Nein' gehört Authentizität: „Das liebevolle Nein ist persönlich und bedarf nicht unbedingt einer Erklärung. [...] Das verantwortungslose Nein ist das Nein, das wir mit Versprechungen und Entschuldigungen aufzuweichen versuchen" (ebd. 106).

Folgendes Beispiel zeigt, wie dieses klare und persönliche ‚Nein' aussehen kann: „Der Vater sitzt auf dem Sofa und liest Zeitung. Die zweijährige Tochter kommt mit einem Bilderbuch und will, dass man ihr vorliest. Der Vater senkt die Zeitung, sieht die Kleine liebevoll an und sagt: ‚Nein, Sophie, ich will jetzt nicht für dich lesen.' Dann nimmt er seine Zeitungslek-

türe wieder auf. [...] Die Übung besteht darin, sich die großen, unglückli-
chen Augen der Zweijährigen vorzustellen, die fragen: ,Ist das dein Ernst?
Willst du wirklich diese blöde Zeitung deiner heiß geliebten, unwidersteh-
lichen Tochter vorziehen?' Die innere Antwort lautet. ,Ja, mein Schatz, das
will ich in diesem Moment.'" (Juul 2009: 106–107).
Wenn einem Kind ein Wunsch abgeschlagen wird, wird es zunächst frus-
triert sein, was es wie oben beschrieben ausdrücken dürfen sollte (ebd.
108). Es mag zunächst schwierig sein, diese Enttäuschung beim Kind zu er-
tragen (ebd. 108). Doch wenn man sich guten Gewissens so verhalten kann,
wächst die Qualität der Beziehung (ebd. 108).

6.7 Konsequenz und Regeln

Situationsbezogene Entscheidungen wie im obigen Kapitel zu treffen,
scheint zunächst der oft geforderten Konsequenz in der Pädagogik zu widersprechen. Konsequentes Verhalten wird meist als gleichartige Verhal-
tensweise oder Reaktion in gleichartigen Situationen verstanden (Kloeters
2006-2018 a). Dies ist jedoch weder realisierbar noch notwendig. So
schreibt Juul, dass Konsequenz nur dann nötig ist, wenn Machtstrukturen
bewahrt werden sollen (Juul 2006: 27). Gordon erläutert: „Die traditionelle
Mahnung an die Eltern, dass sie unter allen Umständen mit ihren Kindern
konsequent sein müssen, übersieht die Tatsache, dass Situationen unterschiedlich sind, Kinder unterschiedlich sind und Vater und Mutter Menschen, die sich voneinander unterscheiden. Außerdem hat dieser Rat die
schädliche Wirkung gehabt, Eltern zur Heuchelei zu veranlassen und die
Rolle eines Menschen zu spielen, dessen Empfindungen stets die gleichen
sind" (Gordon 2007: 32). Weil absolute Konsequenz also nicht möglich ist,
führen entsprechende Bemühungen vor allem zu Schuldgefühlen und
Selbstvorwürfen auf Seiten der Erwachsenen (Gordon 1978: 23).
Karin und Kurt Kloeters[55] schlagen eine andere Art der Konsequenz vor,
nämlich „sich konsequent nach der seelischen Verfassung der Kinder zu
richten, also nach ihrer inneren Situation" (Kloeters 2006-2018 c). Dies ist

---

[55] Karin und Kurt Kloeters gründeten durch Gesprächsrunden mit jungen Eltern
eine Laienbewegung, die sich Fragen der Kindererziehung widmete (Kloeters
2006-2018 b). Ihre in den Kloeters-Briefen vorgestellten Ideen wurden von verschiedenen Erziehungswissenschaftlerinnen geprüft und gelobt (ebd.) und beschäftigen sich hauptsächlich mit dem „Konsequenzproblem" (Kloeters 2006-
2018 c).

allerdings ebenfalls nicht immer möglich, denn solch ein konsequent liebevolles Verhalten können Erwachsene nur dann verwirklichen, wenn es ihnen selbst immer gut geht (ebd.). Das entspricht nicht der Realität, ist jedoch auch gar nicht notwendig (ebd.). Darum gehört zum Konsequenzbegriff des Ehepaars Kloeter vor allem das Abwägen (ebd.). „In jeder einzelnen Situation lautet also die Frage: ‚Wer leidet mehr?' und der, der mehr leidet, hat Anspruch auf Entgegenkommen. [...] Viele Eltern und Lehrer müssten nicht als Erstes lernen, liebevoller mit den Kindern umzugehen. Sie müssten - wenn die Grenze der Belastbarkeit erreicht ist - als Erstes lernen, sich den Kindern mit gutem Gewissen zu verweigern; oder mit gutem Gewissen auszuflippen, statt mit schlechtem. Um danach gemächlich auf den Pfad der Tugend zurückzukehren, nachdem sie sich wieder erholt haben" (ebd.).

Ebenso ist die Einigkeit unter den Erwachsenen nicht wichtig für die gesunde Entwicklung von Kindern (Juul 2006: 27). Kinder haben kein Problem damit zu lernen, dass Erwachsene unterschiedliche Grenzen haben (ebd. 231). Kinder werden erst dann unsicher, wenn Erwachsene ihre Verschiedenheit als falsch empfinden (ebd. 27) und wenn sie deshalb ihre verschiedenen persönlichen Grenzen durch unpersönliche generelle Regeln ersetzen, „welche die Erwachsenen dann ja doch immer nach Gusto abwandeln" (ebd. 231). Dass solche Regeln, wenn sie nicht mit Authentizität verbunden sind, auch zu Orientierungslosigkeit und der ‚Suche nach Grenzen' führen, wurde bereits in Kapitel 6.5 beschrieben. Hinzu kommt, dass Kinder durch starre Regeln lernen zu gehorchen, statt selbst qualifizierte Entscheidungen zu treffen und gut für sich selbst zu sorgen (Juul und Jensen 2009: 105). Die Alternative ist jedoch nicht, gar keine Regeln für das Zusammenleben zu haben, denn alle Gruppen brauchen Regeln, sonst versinken sie in Verwirrung, Chaos und Konflikten (Gordon 1993: 199). Beim Aufstellen von Regeln sollte folgendes beachtet werden: Die Motivation, sich an Regeln zu halten, hängt von der Beziehungskompetenz und Ausstrahlung der Erwachsenen ab (ebd. 352). Regeln autoritär oder bettelnd bzw. einschmeichelnd umzusetzen, funktioniert weniger gut (ebd. 352). Wenn Kinder dagegen an der Aufstellung der Regeln beteiligt sind, ist ihre Motivation, sie einzuhalten, sehr groß (Gordon 1993: 200). Regeln, die zur Lösung aktueller Konflikte eingeführt werden, funktionieren am schlechtesten, Konflikte werden besser im Dialog verarbeitet und gelöst (Juul und Jensen 2009:

352). Das gemeinsame Aufstellen von Regeln und Lösen von Konflikten wird in den Kapiteln 8.1 und 8.2 dargestellt. Es sollte außerdem nicht zu viele Regeln geben (Juul und Jensen 2009: 352). Wie die Anzahl der Regeln begrenzt werden kann, wurde bereits in den vorhergehenden Kapiteln beschrieben: situative Entscheidungen, die sowohl die eigenen Bedürfnisse wie auch die des Kindes anerkennen und abwägen.

6.8 Transfer zu Erwachsenen mit geistiger Behinderung

Die beschriebenen Führungsqualitäten scheinen universell zu gelten. Wahrscheinlich führen Authentizität und die Fähigkeit, eigene Bedürfnisse als Grenzen zu setzen, immer zu der beschriebenen persönlichen Autorität, gleich welcher Personengruppe gegenüber.

Konsequenz ist gegenüber Kindern nicht notwendig, stattdessen können Erwachsene situationsbedingt die Bedürfnisse der Kinder und die eigenen Bedürfnisse abwägen. Es stellt sich jedoch die Frage, inwieweit dies auch bei Formen geistiger Behinderung gilt, bei denen viel Sicherheit oder Struktur benötigt wird. Gibt es Menschen mit entsprechenden Diagnosen mehr Sicherheit, wenn unveränderte Regeln feststehen und Pädagoginnen möglichst immer gleich reagieren – oder gibt es ihnen mehr Sicherheit, wenn Pädagogen persönliche Autorität besitzen und aufgrund ihrer Authentizität und Kongruenz Vertrauen ermöglichen? Diese Frage lässt sich im Rahmen dieser Arbeit nicht vollständig beantworten. Folgende Vermutungen könnten hier jedoch eine Rolle spielen: Die Unmöglichkeit absoluter Konsequenz könnte dazu führen, dass sie nicht immer als sicher wahrgenommen wird. Die Anwesenheit einer persönlichen Autorität, die durch ihre Führungskompetenzen auch persönliche Stärke ausstrahlt, könnte viel Sicherheit geben. Die oben beschriebenen Führungsqualitäten schließen mit ein, Bedürfnisse, wie z.B. das große Sicherheitsbedürfnis des Gegenübers, in Entscheidungen miteinzubeziehen; dies könnte für die Verbindung von möglichst konstantem Verhalten und möglichst großer Authentizität sprechen.

7 Weiterentwicklung der eigenen Persönlichkeit

Weil die eigene Persönlichkeit von Erwachsenen einen großen Einfluss auf die Qualität der Beziehungen mit Kindern hat, ist es wichtig, sich weiter zu entwickeln (Juul und Jensen 2009: 301). Besonders Führungsqualitäten wie persönliche Autorität und Authentizität bedürfen der Persönlichkeitsentwicklung (ebd. 134). Beziehungsqualitäten wie Empathie benötigen außerdem eine Auseinandersetzung mit der eigenen Kindheit (Juul und Jensen 2009: 229; Miller 1983: 11).

7.1 Persönliche Entwicklung

Persönliche Entwicklung ist für die Qualität von pädagogischen Beziehungen deshalb unabdingbar, weil Ausstrahlung, Wesensart und Durchsetzungsvermögen der Erwachsenen in diesen Beziehungen eine wichtige Rolle spielen (Juul und Jensen 2009: 185). Vermutlich alle der in dieser Arbeit beschriebenen Fähigkeiten bedürfen der fortlaufenden persönlichen Weiterentwicklung. „Je weniger ein Mensch in der Lage ist, persönliche Konflikte und Dilemmata zu verarbeiten oder auszudrücken, desto mehr steigt seine Neigung, seine Lebensenergie für nach innen gerichtete, unsoziale Aktivitäten und ersatzweise auch für nach außen gekehrte, asoziale Aktivitäten zu nutzen und darauf zu verzichten, dynamische interpersonale und soziale Beziehungen einzugehen" (ebd. 314).

Probleme in pädagogischen Beziehungen haben meist Parallelen in anderen wichtigen Beziehungen (ebd. 31). Somit kommt der Abbau von destruktiven Tendenzen im Verhalten der Erwachsenen vermutlich nicht nur den Kindern zugute, sondern sie können sich auch auf alle Beziehungen der Erwachsenen und somit auf die Erwachsenen selbst positiv auswirken. Auch das Erlernen der Fähigkeiten, für die eigene Integrität zu sorgen und Bedürfnisse zu artikulieren, kommt den Erwachsenen selbst zugute, denn sie ist einer der wichtigsten mentalen Gesundheitsfaktoren (ebd. 190). Diese mentale Gesundheit wirkt dann vermutlich wieder positiv auf das pädagogische Handeln und damit auf die Kinder, weil die Erwachsenen dadurch vielleicht eine angenehme Atmosphäre schaffen können, bestimmter auftreten können oder mehr Geduld, Energie, Empathie usw. für die Kinder haben. Wenn Erwachsene bereit sind zur eigenen Weiterentwicklung, können sie Kinder bei der Entwicklung eines gesunden Selbstgefühls sogar dann unterstützen, wenn sie selbst ursprünglich ein geringes Selbstgefühl hatten (Juul 2006: 133). Durch die Bereitschaft zur persönlichen Entwicklung können Erwachsene Kindern also auch Erfahrungen ermöglichen, die sie selbst als Kind nicht machen durften (Miller 1983: 122). Um Geduld gegenüber den Schwächen anderer zu haben, muss außerdem zunächst gelernt werden die eigenen Schwächen zu akzeptieren, was ebenfalls Teil einer persönlichen Entwicklung sein kann (Zeltner 1993: 197).

7.2 Entwicklungsmöglichkeiten durch Kinder

Dass Pädagoginnen und Eltern vieles in ihren Beziehungen mit Kindern bereichernd finden, ist nichts neues, meist geht es hierbei um ihre Kindlichkeit, Spontanität, Lebensfreude usw. (Juul und Jensen 2009: 223). Doch wenn die Beziehung als Subjekt-Subjekt-Beziehung gestaltet wird, können durch diese Gegenseitigkeit sogar persönliche Entwicklungsprozesse entstehen (ebd. 223–224). Das Verhalten der Kinder kann also genauso wichtig für die Entwicklung und Gesundheit der Erwachsenen sein wie umgekehrt (Juul 2006: 94). Der Grad der Gleichwürdigkeit hat dabei einen großen Einfluss auf den gegenseitigen Lernprozess (ebd. 94). Je mehr Gleichwürdigkeit Erwachsene also praktizieren, desto mehr Entwicklungsmöglichkeiten ergeben sich für sie selbst durch die Beziehungen mit Kindern.

Weil Kinder ihre Gefühle meist unverstellter als Erwachsene erleben und zeigen können, können Erwachsene von ihnen einiges über die Gefühlswelt lernen (Miller 1983: 122). Außerdem haben Erwachsene durch Kinder die Möglichkeit, ihre eigenen Grenzen besser kennen zu lernen und herauszufinden, wie dafür Verantwortung übernehmen können (Juul 2006: 149). Wie bereits im Kapitel über persönliche Autorität erwähnt, entwickelt sich diese erst dadurch, dass Kinder (oder andere Erwachsene) die eigenen Grenzen verletzen (ebd. 219–220).

Kinder geben Erwachsenen durch ihr Verhalten und ihre Kooperation auch Rückmeldungen, die Erwachsenen helfen können, ihre destruktiven Handlungsmuster zu erkennen und abzulegen (ebd. 15; 111). Wenn Erwachsene sich offen, persönlich und verantwortlich verhalten, können sie viel Inspiration von Kindern holen (Juul und Jensen 2009: 226). Sie können z.B. sagen: „„Hör mal, Thomas. Ich bin mit unserer Zusammenarbeit nicht zufrieden. Ich weiß nicht genau, warum, oder was wir machen können, aber ich nehme an, dass du auch unzufrieden bist, und deshalb möchte ich wissen, ob du mir helfen kannst ... Es muss irgendetwas sein, das dir an mir nicht gefällt, und es wäre eine große Hilfe für mich, wenn du sagen würdest, wann ich einen Patzer mache'" (ebd. 226). Bei der gemeinsamen Problemlösung können Kinder viel Kreativität einbringen, wie in Kapitel 8 noch zu sehen sein wird. Auf diese Weise können Kinder erfahren, dass sie wertvoll für das Leben der Erwachsenen sind, was eine wichtige Voraussetzung für die positive Entwicklung des Selbstgefühls ist (Juul 2006: 111). Dafür ist es wichtig, den Kindern entsprechend Rückmeldung zu geben, also „den Empfang von [solchen] Geschenken zu bestätigen" (ebd. 114). Um wirklich von Kindern lernen zu können, braucht es nicht nur einen gleichwürdigen, persönlichen Dialog (ebd. 15), sondern auch Empathie (Miller 1983: 123) und Partizipation (Juul und Jensen 2009: 105).

7.3 Verletzungen aus der eigenen Kindheit verarbeiten

Wie bereits erwähnt führen verdrängte Verletzungen aus der eigenen Kindheit zu selbstzerstörerischem destruktivem Verhalten gegenüber anderen. Das gilt auch für die Erwachsenen, die nun selbst pädagogischen Beziehungen zu Kindern haben. Gerade wenn Erwachsene sich über Kinder ärgern, sind oft eigene unverarbeitete Emotionen im Spiel (Juul und Jensen 2009: 235). Ihre Bereitschaft zur Reflexion und Verarbeitung entscheidet, ob beide Seiten reifer werden oder ob das Kind zum Problem definiert wird (ebd. 235).

Die in der Kindheit zum Überleben notwendige Verleugnung von Gewalterfahrung führt laut Miller (2001: 12) zu emotionaler Blindheit und Denkblockaden zum Schutz vor der Gefahr des Verdrängten. Man wird also ‚blind' gegenüber Schmerzen anderer, um den Schmerz eigener früherer Verletzungen nicht erleben zu müssen und sie stattdessen in der Verdrängungen halten zu können. Die im Körpergedächtnis gespeicherten Erinnerungen führen gleichzeitig dazu, die Erfahrungen unbewusst der nächsten Generation weiterzugeben (ebd. 12). Darum ist es für Eltern und Pädagoginnen wichtig, Verletzungen aus der eigenen Kindheit zu verarbeiten. Wenn sie das nicht tun, werden sie immer wieder Bedürfnisse haben, die der Entwicklung des Kindes widersprechen (Miller 1983: 119). Zu diesen Bedürfnissen gehört es, die selbst erlebten Kränkungen weiterzugeben, ein Ventil für die abgewehrten Gefühle zu finden, sich für die eigenen Verletzungen zu rächen, die Verdrängung und damit die Idealisierung der eigenen Kindheit (und der eigenen Eltern) aufrecht zu erhalten, die Richtigkeit der selbst erfahrenen Erziehung durch das Funktionieren der eigenen Erziehungsmethoden zu bestätigen und gegen die Wiederkehr der verdrängten Gefühle und Erlebnisse zu kämpfen, an die das Kind die Erwachsene erinnert (ebd. 119). Diesen Wiederholungszwang können Erwachsene nur aufgeben, wenn sie sich dazu entschließen, dessen Ursachen in der eigenen Kindheit zu erkennen (Miller 2001: 12).

Intellektuelles Wissen hilft hier jedoch nicht, weder lassen sich damit Groß-zügigkeit und Toleranz entwickeln, noch schützt es vor Ärger oder Wut, wenn das Kind den eigenen Vorstellungen und Bedürfnissen nicht entspricht oder gar die eigenen Abwehrmechanismen bedroht: „Falls wir keine Möglichkeit hatten, die uns in der eigenen Kindheit erwiesene Verachtung bewusst zu erleben und zu verarbeiten, geben wir sie weiter" (Miller 1983: 17). Für diese Verarbeitung ist Trauerarbeit nötig (Miller 1983: 122). Die früh unterdrückten Gefühle müssen erlebt werden: „Erst wenn ich mich über das Unrecht, das mir angetan wurde, empören kann, die Verfolgung als solche erkenne, den Verfolger als solchen erleben und hassen kann, erst dann steht mir der Weg offen, ihm zu verzeihen" (ebd. 286). Wenn die unterdrückte Wut also entdeckt und erlebt wird, kann sie zu Trauer und Schmerz werden über das, was geschehen ist, und schließlich zum Verständnis und Mitgefühl gegenüber den eigenen Eltern, die wahrscheinlich ähnliche Erlebnisse in ihrer Kindheit hatten (ebd. 286). Hierbei kann ein ‚wissender Zeuge' unterstützend wirken (Miller 1988: 131). Miller versteht darunter einen Menschen, der die Folgen von schweren Erlebnissen in der Kindheit kennt und deshalb anderen Menschen entsprechend Empathie entgegenbringen und ihnen helfen kann, ihre Kindheit aufzuarbeiten (Miller 2001: 8). Ein wissender Zeuge kann der Person helfen, indem er ihre Wahrnehmungen und Gefühle bestätigt, sie vor selbstdestruktivem Verhalten schützt und ihr Empathie entgegenbringt (Miller 1988: 180). Mehr kann er jedoch nicht tun, die Vergangenheit aufarbeiten kann nur die Person selbst (ebd. 180–181).

Menschen haben „immer wieder die Chance, die Verleugnung ihrer Leiden aufzugeben, diese Leiden zu spüren, ihre wahren Ursachen zu erkennen und sich auf diesem Wege von dem Bösen, vom Zwang, Böses zu tun, zu befreien" (ebd. 180). Wenn sie diesen Weg gehen, können sie auch Empathie für die Verletzungen anderer haben (ebd. 180) und so als wissende Zeugen andere Erwachsene unterstützen oder Kindern mit entsprechender Empathie begegnen.

7.4 Transfer zu Erwachsenen mit geistiger Behinderung

Da es in diesem Kapitel um die persönliche Entwicklung von Eltern und Pädagogen ging, gibt es keine wesentlichen Unterschiede in Bezug auf die Zielgruppe. Erfahrungsgemäß lassen sich auch durch Erwachsene mit geistiger Behinderung viele neue Entdeckungen in der eigenen Persönlichkeit machen, die wiederum der Professionalität zugutekommen. An dieser Stelle ist anzumerken, dass es sich für Menschen in helfenden Berufen lohnen kann, die Beweggründe ihrer Berufswahl zu untersuchen: „Viele in ihrem Selbstwertgefühl Verletzte fühlen sich auch als ‚hilflose Helfer' zu noch Hilfloseren hingezogen. Als Heimerzieher, Psychologinnen, in sozialen Berufen können sie ihre Ohnmachtsgefühle in Macht über andere umwandeln. In eine sanfte Gewalt, welche sich ‚nur' in der Abhängigkeit ihrer Klienten und Klientinnen zeigt" (Zeltner 1993: 193–194).

8 Partizipation

Nun sollen konkrete Wege aufgezeigt werden, wie die bisher beschriebenen Prinzipien der Gleichwürdigkeit, Führung und Verantwortung umgesetzt werden können. Dazu braucht es die Einbeziehung der Kinder in Entscheidungs- und Konfliktlösungsprozesse. So lernen Kinder schrittweise, mehr Faktoren in eigenen Entscheidungen zu berücksichtigen (Juul und Jensen 2009: 105). Erwachsene lernen durch die Einbeziehung das Kind besser kennen (ebd. 105). Außerdem hängt die Entwicklung des Selbstgefühls bei Kindern stark davon ab, wie wertvoll sie sich für das Leben der Erwachsenen fühlen (Juul 2006: 111). „Jeder Mensch braucht das Gefühl, nützlich zu sein und durch seinen Beitrag mithelfen zu können. Kinder wollen mithelfen: Wir müssen ihnen die Gelegenheit dazu geben" (Dreikurs und Cassel 1974: 58).

8.1 Bei Regeln und Entscheidungen

Um das Aufstellen von funktionierenden Regeln ging es bereits in Kapitel 6.7. Wenn Kinder hierbei die Möglichkeit haben, mitzuwirken, sind sie stärker motiviert und fühlen sich meist verpflichtet, sie einzuhalten (Gordon 1993: 200). Außerdem fühlen sie sich so wohler und ihre Selbstachtung, ihr Selbstvertrauen und ihre Selbstwirksamkeitsüberzeugung steigen (ebd. 200). Weil ihre Bedürfnisse einbezogen werden, fühlen sie sich gleichwürdig behandelt und entwickeln engere und herzlichere Beziehungen zu den Erwachsenen (ebd. 200). Außerdem können durch Partizipation bessere Entscheidungen getroffen werden, denn auch Kinder können ihr Wissen, ihre Erfahrung und ihre Kreativität einbringen: „Zwei Köpfe (oder drei, vier) sind besser als einer" (ebd. 201).

Verschiedene Autoren plädieren sogar für demokratische Entscheidungsfindung in Beziehungen mit Kindern. Dreikurs und Grey beschreiben demokratische Problemlösung bspw. als eine Grundtechnik der logischen Folgen (Dreikurs und Grey 1986: 67). Gordon schreibt: „Wir verkünden bei uns in den Schulen, dass Demokratie ein wertvolles Ziel sei, aber wir lehren nicht, wie sich Demokratie wirklich ereignet" (Gordon 1993: 284). Juul widerspricht hier. Zwar stimmt er Gordon zu, dass es sinnvoll sein kann, Kindern durch gleichberechtigte Mitbestimmung demokratische Verhaltensweisen näher zu bringen (Juul 2006: 34). Er führt jedoch an, dass Kinder zwar wissen, was sie *wollen*, aber nicht, was sie *brauchen* (ebd. 69). Außerdem besteht in pädagogischen Beziehungen wie in der Gesellschaft oft „ein himmelweiter Unterschied zwischen recht bekommen und dem bekommen, was man braucht" (ebd. 34). In diesem Zusammenhang ist auch nochmals auf die Verantwortung der Erwachsenen für die Qualität der Prozessdimension hinzuweisen, also die Art und Weise, wie in der Beziehung miteinander umgegangen wird. „Die Inhaltsdimension kann demokratisiert werden, aber nicht die Prozessdimension" (Juul und Jensen 2009: 154). Juul und Jensen schlagen vor, dass Erwachsene statt absoluter Demokratie versuchen, die Gemütsverfassung, die Bedürfnisse, die Lust, die Unlust, Träume, Ziele usw. des Kindes zu hören, zu verstehen ernst zu nehmen (ebd. 117). Diese können sie dann in einem realistischen Umfang in die gemeinsame Zukunft einzubeziehen (ebd. 117). „Das erfordert Erwachsene, die ein Ohr und das Gespür dafür haben, wann Kinder damit herausplatzen, wozu sie im Moment die größte Lust oder Unlust haben, oder wann sie bloß den Freunden und Erziehern nach dem Mund reden. Erwachsene, die wissen, wann die Wünsche der Kinder, ihr Wille und ihre Ziele tiefer gehen" (ebd. 75–76).

8.2 Bei der Konfliktlösung

Konflikte sind unvermeidbar in Beziehungen, weil die Bedürfnisse verschiedener Menschen nicht immer übereinstimmen können. Konflikte sind sogar wertvoll, weil beide Seiten dadurch wichtiges über sich selbst und das Gegenüber lernen können (Juul und Jensen 2009: 357). Eine der besten Methoden, die Häufigkeit von Konflikten zu senken, besteht interessanterweise darin, gegenüber Konflikten positiv eingestellt zu sein, denn dies führt zu einer besseren Grundstimmung in der Beziehung oder Gruppe: „Konflikte sind eine vollkommen notwendige Komponente interpersonaler

Beziehungen. [...] Gelingt es, eine solche Kultur zu schaffen, wird es auch für die Erwachsenen möglich, mehr Einfluss darauf zu nehmen, wann und wie die Konflikte verarbeitet werden sollen" (Juul und Jensen 2009: 357). Wenn Konflikte auf der Grundlage von Gleichwürdigkeit gelöst werden sollen, schließt dies Kämpfen oder Nachgeben aus, denn Kämpfen verletzt die Achtung vor dem Gegenüber, während Nachgeben die Achtung vor sich selbst verletzt (Dreikurs und Grey 1986: 67–68). Ein gemeinsamer Problemlöseprozess führt dagegen nach dem Psychologen Morton Deutsch dazu, dass alle Seiten sich mit ihren Interessen und Bedürfnissen anerkannt fühlen (Gordon 1993: 212). Außerdem geben gemeinsame Problemlöseprozesse Kindern positive Beispiele für das Lösen eigener Probleme und sie steigern die Achtung der Kinder von den entsprechenden Erwachsenen (Juul und Jensen 2009: 352). Gordon schlägt hierfür die niederlagelose Konfliktlösung vor: „Wenn ein Konflikt zwischen einem Erwachsenen und einem Kind eintritt, bittet der Erwachsene das Kind, sich an der gemeinsamen Suche nach einer Lösung zu beteiligen, die für beide annehmbar ist. Beide können mögliche Lösungen vorschlagen, die dann eingeschätzt werden. Es wird eine für beide Seiten akzeptable Entscheidung getroffen, welche Lösung die beste ist" (Gordon 1993: 211–212). In diesem Zusammenhang empfiehlt Gordon den von dem Psychologen, Erzieher und Philosophen John Dewey entwickelten Sechs-Schritte-Prozess der Problemlösung, mit dem sich für die verschiedensten Probleme kreative Lösungsmöglichkeiten finden lassen (ebd. 202). Die sechs Schritte lauten: 1. Das Problem identifizieren und definieren; 2. Mögliche Lösungen entwickeln; 3. Die verschiedenen Lösungsmöglichkeiten einschätzen; 4. Eine Entscheidung treffen; 5. Die Entscheidung durchführen; 6. Spätere Überprüfung (ebd. 174; 203–204). Die Abfolge der sechs Schritte verläuft selbstverständlich nicht immer linear, manchmal wird z.B. ein Schritt nicht benötigt (ebd. 205).

8.3 Transfer zu Erwachsenen mit geistiger Behinderung

Die UN-Behindertenrechtskonvention fordert in Art. 3 die „volle und wirksame Teilhabe an der Gesellschaft und Einbeziehung in die Gesellschaft". Diese Forderung geht weit über die Partizipation an Entscheidungs- und Konfliktlöseprozessen in *pädagogischen Beziehungen* hinaus. Dennoch ist Partizipation hier vermutlich sehr entscheidend, weil diese Prozesse den

Alltag von vielen Erwachsenen mit geistiger Behinderung unmittelbar betreffen. Menschen, die bisher wenig am gesellschaftlichen Leben teilhaben konnten, haben durch entsprechende pädagogische Beziehungen im Alltag die Möglichkeit, notwendige Kompetenzen für Mitbestimmung und Teilhabe zu erlernen. Wie dies konkret umgesetzt werden kann, ist vermutlich sehr individuell und hängt sowohl von Art und Grad der Behinderung als auch von der Persönlichkeit ab.

Erfahrungsgemäß wissen auch viele Erwachsenen mit geistiger Behinderung zwar meist, was sie *wollen*, aber nicht immer, was sie *brauchen*. In diesem Zusammenhang sei auf die fehlenden Fähigkeiten hingewiesen, die in Kapitel 2.4.4 thematisiert wurden. Auch eine gleichberechtigte Verantwortung für die Prozessdimension in der Beziehung ist, wie bereits beschrieben, wahrscheinlich von mehreren Faktoren abhängig und wohl oft nicht empfehlenswert. Damit gilt vermutlich für die meisten Erwachsenen mit geistiger Behinderung ähnliches wie für Kinder: dass Demokratie und damit absolut gleichberechtigtes Stimmrecht nicht zu ihrem Wohl ist.

Einbeziehung ist jedoch immer möglich. Gordon beschreibt, dass die sechs Schritte der Problemlösung sogar in nonverbaler Form angewendet werden können, in seinem Beispiel mit einem Säugling (Gordon 1993: 213).[56] Das Problem können sowohl Erwachsene wie auch der Säugling - z.B. durch Schreien - identifizieren (*Schritt 1*), dann werden dem Säugling alternative Lösungen angeboten (*Schritt 2*), die mithilfe seiner Reaktion eingeschätzt werden (*Schritt 3*) (ebd. 214–215). Die Entscheidung fällt auf das, was sowohl dem Säugling als auch den Erwachsenen gefällt (*Schritt 4*), sie wird durchgeführt (*Schritt 5*), eventuell wird später von Erwachsenen überprüft, ob die Lösung immer noch für beide passend ist (*Schritt 6*) (ebd. 215). Die sechs Schritte können also auch durchgeführt werden mit Personen, die anders kommunizieren als mit Wortsprache.

9 Kommunikation

Nach Gordon reicht es nicht aus, einer Person gegenüber eine anerkennende Haltung zu haben (Gordon 1993: 239). Die Anerkennung muss vom

---

[56] Damit sollen keinesfalls Erwachsene mit geistiger Behinderung mit Säuglingen gleichgesetzt werden. Es soll vielmehr gezeigt werden, dass gemeinsame Problemlösung mit den verschiedensten Menschen und auch ohne Wortsprache möglich ist.

Gegenüber auch wahrgenommen werden können, also aktiv vermittelt und demonstriert werden (ebd. 239). Deshalb soll es im Folgenden darum gehen, welche Formen der Kommunikation in Beziehungen zwischen Erwachsenen und Kindern Gewaltfreiheit und Verantwortung unterstützen können. Sie helfen Erwachsenen, Kindern gegenüber Anerkennung auszudrücken und gleichzeitig ihren Standpunkt deutlich zu artikulieren. Im Rahmen dieser Arbeit können sie allerdings nur kurz beschrieben werden, auf anschauliche Beispiele muss größtenteils verzichtet werden.

Zunächst gilt es jedoch zu betonen, dass solchen Methoden immer die entsprechende Haltung zugrunde liegen sollte. Methoden funktionieren nicht, wenn Erwachsene die Beziehung nur um der Beziehung willen aufbauen und nicht um des Kindes willen (Juul und Jensen 2009: 338). Gordon schreibt über das unten vorgestellte aktive Zuhören, dass Erwachsene es nur als Hilfsmittel betrachten sollten, weil es sich ohne die entsprechende Haltung „vielleicht mechanisch, unehrlich und falsch anhört" (Gordon 1993: 248). Auch in der Therapie ist bekannt, „dass der therapeutische Erfolg in erster Linie nicht vom technischen Wissen und Können des Therapeuten abhängt, sondern davon, ob dieser bestimmte Einstellungen besitzt" (Rogers 2004: 22). Erwachsene müssen ehrliches Interesse am Kind haben, und ehrliche Empathie oder Anerkennung verspüren. Die oben beschriebenen Haltungen sind also nicht durch Methoden ersetzbar, sondern Grundvoraussetzung für deren Erfolg. Dennoch können erfolgreiche Methoden sich positiv auf die eigene Haltung auswirken: „Wenn die Mutter entdeckt, wie sie das Kind beeinflussen und seine Mitarbeit gewinnen kann, ändert sich ihre Haltung. Dann geschieht es nicht selten, dass sie sich an dem Kind freut, vor dem sie Angst hatte" (Dreikurs und Grey 1986: 37).

9.1 Aktives Zuhören

Aktives Zuhören wurde bereits in Kapitel 5.3 als eine Grundmethode erwähnt, Akzeptanz zu zeigen (Gordon 1993: 240). Das Vorgehen beim aktiven Zuhören beschreibt Gordon folgendermaßen: „Als erstes konzentriert sich der Empfänger ausschließlich darauf, die Botschaft zu verstehen, die ihm gegeben wird, und was sie bedeutet. Dann fasst der Empfänger das, was er verstanden hat, in eigene Worte und spiegelt es zurück an den Sender (wir nennen es ‚Feedback geben'), um bestätigt oder korrigiert zu bekommen, wie er die Botschaft verstanden hat" (ebd. 242). Rogers (2004:

218) betont, dass es hierbei nicht darum geht, nur das Gesagte zu wiederholen. Man sollte sich nicht auf das beziehen, was dem Gegenüber bewusst ist, sondern auch auf den noch nicht bewussten Sinn seiner Äußerungen, „,auf die neblige Zone am Rande der Gewahrwerdung'. [...] Auf so tiefgreifende und umfassende Weise verstanden und akzeptiert zu werden ist ein sehr bestärkendes Erlebnis" (ebd. 24). Außerdem lernt das Gegenüber sich so besser kennen (ebd. 24). Aktives Zuhören hilft jedoch nicht nur dem Kind, sondern auch Erwachsenen: sie können sich sicher sein, das Kind genau zu verstehen oder, falls nicht, korrigiert zu werden, und sie entwickeln mehr Respekt und tieferes empathisches Verstehen für die Individualität des Kindes (Gordon 1993: 243; 249).

9.2 Persönliche Sprache

Bei persönlicher Sprache geht es darum auszudrücken, was man mag, sich wünscht, denkt, erlebt etc. (Juul und Jensen 2009: 302). Der verbale Kern einer persönlichen Aussage ist also: Ich mag (nicht), will (nicht) haben, glaube/denke/höre/erlebe (ebd. 302). Dies kann je nach Situation nuanciert werden, z.B.: Ich hätte gern, möchte unter keinen Umständen, kann mir gut vorstellen (ebd. 303). Wichtig ist, dass die Aussage von innen kommt (ebd. 303). So ist es dabei nicht unbedingt notwendig, dass das Wort ‚ich' verwendet wird, umgekehrt wird durch ein ‚ich' allein eine Aussage noch nicht persönlich (ebd. 303). „Die persönliche Sprache vermittelt die persönlichen Gedanken, Werte und Gefühle des individuellen Menschen in einem Gesamtausdruck, der nach größtmöglicher Übereinstimmung zwischen dem inneren Empfinden und dem äußeren Ausdruck strebt und zugleich ein Erkenntnisprozess für den Sprecher ist. Die persönliche Sprache ist somit der zu jeder Zeit authentischste Ausdruck der Integrität des Individuums" (ebd. 298). Durch persönliche Sprache lässt sich u.a. die Beziehung aufbauen und Anerkennung ausdrücken, und sie kann das Gegenüber ebenfalls zu einer persönlichen Reaktion inspirieren (ebd. 299). Laut Juul lassen sich Konflikte zwischen Menschen, die sich gegenseitig etwas bedeuten, nur durch persönliche Sprache bearbeiten und lösen (Juul 2006: 103). „Wenn wir uns nicht persönlich ausdrücken können, bleiben wir im unklaren darüber, wer wir sind, und für andere wird es schwer sein zu wissen, woran sie mit uns sind" (ebd. 103). Weil persönliche Sprache die eigenen Bedürfnisse und Grenzen ausdrückt, können Erwachsene so Verantwortung für sich selbst übernehmen (ebd. 157–158). Damit können sie wie in Kapitel 6.5 beschrieben natürliche Grenzen setzen.

9.3 Gewaltfreie Kommunikation

Ähnlich ist auch die von dem Konfliktmediator Marshall B. Rosenberg beschriebene Gewaltfreie Kommunikation, die unter anderem in Familien, Institutionen, Therapie und Beratung anwendbar ist (Rosenberg 2009: Klapptext; 27). Das Konzept besteht aus insgesamt vier Komponenten: 1. Beobachtung; 2. Gefühl; 3. Bedürfnis; 4. Bitte (ebd. 25). Zunächst geht es darum zu *beobachten*, was in einer Situation wirklich geschieht und dann diese Beobachtung dem Gegenüber „ohne Beurteilung oder Bewertung mitzuteilen – einfach zu beschreiben, was jemand macht, und dass wir es entweder mögen oder nicht" (ebd. 25). Dann werden die eigenen *Gefühle* in Bezug auf diese Handlung wahrgenommen und ausgedrückt (ebd. 25; 55). Dabei ist es wichtig, zwischen wirklichen Gefühlen und Gedanken zu unterscheiden (ebd. 60). Sprachlich gesehen werden auch Gedanken oft als Gefühl geäußert: ‚Ich habe das Gefühl, ich bin ihr nicht wichtig' oder ‚Ich fühle mich wie ein Versager' (ebd. 60–61). In einem nächsten Schritt geht darum, die eigenen *Bedürfnisse*, die mit den Gefühlen verknüpft sind, zu erkennen und auszusprechen (ebd. 81; 73). Rosenberg nennt dies „Verantwortung für unsere Gefühle übernehmen" (ebd. 67). Im vierten Schritt wird eine spezifische *Bitte* formuliert (ebd. 25). Diese sollte in positiver Handlungssprache formuliert sein, konkrete, vom Gegenüber ausführbare Tätigkeiten beschreiben und vage Aussagen vermeiden (ebd. 90–91). Rosenberg betont, dass es sich nicht um Forderungen handeln sollte (ebd. 99). Der Unterschied ist in der Reaktion zu sehen, wenn die Bitte bzw. Forderung nicht erfüllt wird (ebd. 99). Wenn jemand bei Nichterfüllung kritisiert, verurteilt oder beim Gegenüber Schuldgefühle hervorzurufen versucht, war es eine Forderung (ebd. 99). Umgekehrt bedeutet eine Bitte, dass der Sprechende bei Nichterfüllung einfühlsam auf die Bedürfnisse der anderen Person reagiert, denn es sind ihre Bedürfnisse, die sie von der Erfüllung der abhalten (ebd. 100).

Dies scheint zunächst der Aussage Juuls und Jensens zu widersprechen, dass es zu pädagogischer Führung gehört, Entscheidungen zu treffen. Rosenberg löst diesen Widerspruch auf: „Wenn wir eine Bitte statt einer Forderung auswählen, heißt das nicht, dass wir unser Anliegen aufgeben, wenn jemand auf unsere Bitte mit ‚Nein‘ antwortet. Es heißt aber ganz sicher, dass wir erst dann einen Überzeugungsversuch starten, wenn wir einfühlsam auf die Gründe reagiert haben, die die andere Person von einem ‚Ja‘ abhalten“ (ebd. 100). Damit ist sichergestellt, dass ein Kind wie oben beschrieben seine Gefühle ausdrücken kann und sein Erleben ernst genommen werden, auch wenn die Erwachsenen bei ihrer Entscheidung bleiben. Die klare Formulierung einer Bitte scheint außerdem im Widerspruch zu Gordons Vorschlag zu stehen, das Kind nach einer Lösung suchen zu lassen oder gemeinsam nach einer Lösung zu suchen. Er schreibt: „Zu guten Ich-Botschaften [vergleichbar mit dem Formulieren von Gefühlen und Bedürfnissen nach Rosenberg, Anm. d. Verf.] gehören keine Schlussfolgerungen wie: ‚Du solltest dies oder das tun‘ [...]. Sie ermöglichen den Kindern vielmehr, eigene Lösungen für das Problem des Erwachsenen zu entwickeln. Diese Lösungen sind oft überraschend einfallsreich und kreativ und wären Erwachsenen vielleicht nie eingefallen“ (Gordon 1993: 166). Dieser Widerspruch lässt sich vielleicht auflösen, indem die Bitte formuliert wird, eine Lösung zu finden oder gemeinsam nach einer Lösung zu suchen. Es kann situationsbezogen entschieden werden, ob das Kind einen konkreten Handlungsvorschlag braucht, oder ob es selbst Ideen hat, wie es den geäußerten Bedürfnissen der Erwachsenen entgegenkommen kann.

Sich diese vier Komponenten (Beobachtung, Gefühl, Bedürfnis, Bitte) bewusst zu machen und sie auszudrücken ist allerdings nur ein Teil der Gewaltfreien Kommunikation. Der andere Teil besteht darin, auf die gleichen vier Komponenten bei den Mitmenschen zu achten: „Wir treten mit ihnen in Kontakt, indem wir uns darauf einstimmen, was sie beobachten, fühlen und brauchen, und wenn wir dann den vierten Teil hören, ihre Bitte, entdecken wird, was ihre Lebensqualität verbessern würde“ (ebd. 25). Es reicht also aus, selbst auf diese Art zu kommunizieren: „Um die GFK [Gewaltfreie Kommunikation, Anm. d. Verf.] anzuwenden, müssen die Leute, mit denen wir kommunizieren, nicht in der GFK ausgebildet sein. [...] Wenn wir selbst mit den Prinzipien der GFK im Einklang bleiben – einzig und allein um einfühlend zu geben und zu nehmen – und alles tun, was wir können, um anderen zu vermitteln, dass dies unser einziges Motiv ist, dann werden sie mit uns in den Prozess hineingehen, und wir sind am Ende in der Lage, einfühlsam miteinander zu kommunizieren. Ich sage nicht, dass es immer schnell geht. Aber ich bleibe dabei, dass sich das Einfühlungsvermögen unvermeidlich entfaltet" (ebd. 24).

Außerdem bietet Gewaltfreie Kommunikation eine Alternative zum klassischen Lob. Parallel zu den oben genannten Komponenten wird sowohl die *beobachtete Handlung* benannt, die zum eigenen Wohlbefinden beigetragen hat, als auch das damit erfüllte *Bedürfnis* und das daraus resultierende freudige *Gefühl* (ebd. 209). „Wenn Anerkennung uns gegenüber so ausgedrückt wird, dann können wir sie ohne Selbstüberschätzung oder falsche Bescheidenheit annehmen und gemeinsam mit demjenigen, der sie uns gibt, feiern" (ebd. 209).

9.4 Transfer zu Erwachsenen mit geistiger Behinderung

Alle beschriebenen Kommunikationsmethoden werden nicht nur für Kinder empfohlen. Aktives Zuhören wurde ursprünglich für die Therapie entwickelt, persönliche Sprache empfiehlt Juul auch für Erwachsenenbeziehungen und Gewaltfreie Kommunikation ist für unterschiedlichste Kombinationen von Personengruppen möglich. Daher ist davon auszugehen, dass sie auch gegenüber Erwachsenen mit geistiger Behinderung anwendbar und erfolgreich sind. Allerdings ist es gegenüber Menschen mit Behinderung wahrscheinlich noch wichtiger zu beachten, sie in der Kommunikation nicht zu Objekten einer Methode werden zu lassen. Oft genug werden sie reduziert auf Objekte pädagogischen Handelns (Juul und Jensen 2009: 122–123).

10 Wenn es nicht funktioniert

Die beschriebenen Haltungen und Handlungsweisen gehen von optimalen Bedingungen aus, die im Leben nicht immer vorkommen. Sei es, weil Erwachsene Fehler machen, sei es, weil Kinder nicht immer mitmachen wollen oder können. In diesem Kapitel soll es darum gehen, wie Erwachsene solche Situationen sehen und mit ihnen umgehen können.

10.1 Zur Menschlichkeit gehören Fehler

Pädagoginnen und Eltern sind Menschen, Menschen machen ab und zu Fehler. Das eigene Menschsein sollten sie nicht vergessen, es ist Voraussetzung für Echtheit und Authentizität (Gordon 2007: 25). Wenn Erwachsene versuchen perfekt zu sein statt authentisch, wirkt es für das Kind, als sei die Beziehung zu ihm nichts wert (Juul und Jensen 2009: 328). Rogers

empfiehlt Therapeuten sogar in Bezug auf wichtige therapeutische Qualitäten wie Empathie oder Wertschätzung: „Wenn sie im gegebenen Augenblick der Beziehung nicht genuiner Bestandteil im Erleben des Therapeuten sind, dann ist es besser - so glaube ich - dass er echt lebt, was er ist, als
dass er diese anderen Qualitäten vortäuscht" (Rogers 2004: 216). Es ist also
wichtiger, authentisch zu sein, als immer pädagogisch einwandfrei zu handeln.

Wie oben bereits erwähnt, können Erwachsene Kindern gegenüber auch
gar nicht perfekt sein. Dem Kind immer alles zu geben, was es für eine optimale Entwicklung bräuchte, ist gar nicht möglich, dafür fehlen selbst den
bemühtesten Erwachsenen die Ressourcen (Miller 1983: 293). Hinzu
kommt, dass Erwachsene meist unbewusst von den Erlebnissen der eigenen Kindheit beeinflusst werden. Miller schreibt: „Sei nicht verzweifelt,
wenn dir einmal die Hand ausrutscht; du hast dies sehr früh und schmerzlich erfahren müssen, es geschieht fast automatisch" (Miller 2001: 110).
Schuldgefühle wären hier fehl am Platz, denn sie sprechen Erwachsenen
eine Macht und Freiheit zu, die sie nicht haben (Miller 1983: 288).

Erwachsene können einen Fehler meist wieder gutmachen, wenn sie ihn
einsehen und zugeben (Miller 2001: 110). Juul spricht davon, die Verantwortung zu übernehmen, und zwar gefühlsmäßig und verbal (Juul 2006:
130). Das klingt zunächst für viele Erwachsene selbstverständlich, doch oft
wird das Kind für mitschuldig erklärt, z.B. durch Aussagen wie: ‚...aber du
musst auch verstehen, dass dein Verhalten mich wütend gemacht hat!'
(ebd. 130–131). Es sei nochmals darauf hingewiesen, dass Erwachsene die
übergeordnete Verantwortung für die Beziehung mit einem Kind haben
(Juul und Jensen 2009: 126) und außerdem die persönliche Verantwortung
für ihr eigenes Handeln, wie im Kapitel 4.5 beschrieben wurde.

10.2 Veränderung braucht Geduld

Veränderungen brauchen Zeit. Möchten Erwachsene destruktive Verhal-
tensmuster der Familie oder Gruppe abbauen, bauen Kinder dieses Verhalten langsamer ab als die Erwachsenen (Juul 2006: 173). Sie können erst
dann mit etwas Neuem kooperieren, wenn es im Verhalten der Eltern fest
etabliert ist (ebd. 172). Auch die Wirkung als Vorbild tritt nicht immer so
schnell ein, wie Erwachsene sich dies wünschen (Juul und Jensen 2009:
352). Doch letztlich, so Juul und Jensen, ist dies bei jeder Form der Erziehung der Fall (ebd. 352). „Häufig sind es andere Menschen und nicht die

Erziehenden, die in den Genuss ihres Einsatzes kommen" (ebd. 352). Außerdem versuchen Erwachsene oft, alle Probleme auf einmal zu lösen, was zu ständigen Konflikten mit den Kindern führt (Dreikurs und Grey 1986: 47). Dreikurs und Grey schlagen darum vor, einen einzelnen Bereich auszuwählen und zu bearbeiten (ebd. 47). „Am interessantesten an dieser Technik ist, dass sich im Verlauf des Verfahrens die andern Konfliktfelder von selbst zu erledigen scheinen" (ebd. 47). Sie betonen, dass Erwachsene nicht den Bereich wählen sollten, der ihnen am meisten Probleme bereitet, denn hier fühlen sie sich selbst unsicher, lassen sich leicht ‚verrückt' machen und sind weniger fähig, sich wie beabsichtigt zu verhalten (ebd. 47).

10.3 Ungehorsam als Suche nach Integrität

Für Erwachsene ist es meist schwierig, wenn Kinder nicht das tun, was die Erwachsenen möchten. Doch Ungehorsam und Widerwillen sind wichtig für die Entwicklung der Integrität: „Der Ungehorsam der Kinder ist weder Ausdruck von sozialer Verantwortungslosigkeit noch ein internationaler Anschlag auf die Macht der Erwachsenen. Er ist vielmehr ein reaktiver Versuch, sich selbst intakt zu erhalten, um wieder mit größerer Authentizität und Integrität in die Gemeinschaft einzusteigen, wobei die Gemeinschaft notwendigerweise ihren Charakter verändern muss" (Juul und Jensen 2009: 56). Ungehorsam ist also Teil eines persönlichen und sozialen Reifungsprozesses (ebd. 56). Kinder sollten sich der Liebe der Erwachsenen auch bei Widerspruch sicher sein können (Miller 1983: 106). Dann wird es ihnen später leichter fallen, etwas abzulehnen, was nicht ihrer Integrität oder Moral entspricht (ebd. 106). Immer wieder im Leben wird es mit Situationen konfrontiert werden, in denen es selbst seine Grenzen und Bedürfnisse kennen und ausdrücken können sollte (Juul 2009: 108). Wenn Kinder also lernen Nein zu sagen, sinkt sowohl ihr Risiko, ein leichtes Opfer zu werden, als auch zu Gewalttaten instrumentalisiert zu werden. Außerdem können Kinder nur dann von ganzem Herzen ‚Ja!' zu etwas sagen, wenn sie auf der anderen Seite erleben, dass ihr ‚Nein' akzeptiert wird (Juul und Jensen 2009: 112).

Dies alles bedeutet jedoch nicht, dass Erwachsene für ungehorsame Kinder nichts tun können. Sie können ihnen bei der Suche nach ihrer Integrität helfen: „Wir müssen sie [...] an die Hand nehmen auf dem Weg zu sich selbst, über dessen Beschaffenheit und genaues Ziel sie sich alles andere als im

Klaren sind. Deshalb brauchen sie eine erfahrene Begleitung dorthin" (ebd. 56).

10.4 Transfer zu Erwachsenen mit geistiger Behinderung

Dass Pädagogen Menschen mit Fehlern sind, trifft immer und überall zu, also auch gegenüber Erwachsenen mit geistiger Behinderung. Auch ihnen gegenüber können Pädagoginnen dann die Verantwortung übernehmen, um die Person nicht zu belasten. Wahrscheinlich trifft ebenfalls zu, dass Veränderung Zeit und damit Geduld braucht - bei Erwachsenen vielleicht sogar noch mehr, aufgrund ihrer größeren Lebenserfahrung, durch die Verhaltensweisen vermutlich gefestigter sind als bei Kindern. Dass Ungehorsam in Zusammenhang mit der eigenen Integrität steht, trifft wahrscheinlich auf alle Menschen zu. Das bedeutet also auch für pädagogische Beziehungen mit ,ungehorsamen' Erwachsenen mit geistiger Behinderung, dass sie Unterstützung brauchen um herauszufinden, wie ihre Integrität und die Gemeinschaft in Einklang gebracht werden können.

11 Fazit

In diesem Kapitel werden die Ergebnisse zusammengefasst und bewertet, die Vorgehensweise überprüft, Möglichkeiten einer Fortführung des Themas in Wissenschaft und Praxis dargestellt und abschließend eine kurze persönliche Reflexion des Arbeitsprozesses angestellt.

11.1 Zusammenfassung

Die Ergebnisse dieser Arbeit sollen nun in Hinblick auf die Fragestellung zusammengefasst werden: Wie wirken sich Bestrafung, Belohnung und Bewertung auf Kinder und auf Erwachsene mit geistiger Behinderung aus? Welche gewaltfreien Alternativen haben Pädagoginnen, um verantwortungsvoll alltäglichen Konflikten und unerwünschtem Verhalten zu begegnen oder diesen vorzubeugen?

Bestrafung und Belohnung sind Machtmittel, mit denen die Erfüllung von Bedürfnissen verweigert oder an bestimmte Forderungen geknüpft werden. Sie benötigen ein Abhängigkeitsverhältnis und funktionieren nur unter bestimmten Bedingungen. Da sie nur extrinsisch motivieren, zeigen sie kaum langfristige Wirkung und verhindern die Entwicklung des inneren Antriebs (wie z.B. die Lust auf bestimmte Aufgaben). Reaktionen auf Macht-

einsatz sind meist ablehnendes oder unaufrichtiges Verhalten. Beispielsweise geht ehrliche Kommunikation gegenüber Machtausübenden deutlich zurück. Vor allem Strafen rufen außerdem Angst oder Wut hervor und
geben ein negatives Handlungsbeispiel. Machtausübung schadet also nicht
nur denjenigen, die sie erfahren, sondern sie schadet auch der Beziehung
und schwächt die Position der Machtausübenden. Hierin unterscheiden
sich Erwachsene mit geistiger Behinderung wahrscheinlich nicht von Kindern.

Bewertung kommt in pädagogischen Beziehungen durch die Definitionsmacht der Pädagoginnen oder Eltern zustande. Damit können diese sowohl das Kind als auch die Situation beurteilen und das Erleben des Kindes
übergehen. Dies drückt sich zum Beispiel durch Schuldzuweisung, Belehrung, Lob oder Kritik aus. Bewertung ist meist schädlich für das Selbstgefühl der Bewerteten. Sie kann Widerstand oder Schuldgefühle hervorrufen
oder aber dauerhaft abhängig machen von den Urteilen anderer. Weil
durch Bewertung ein Mangel an Anerkennung ausgedrückt wird, blockiert
sie Veränderung und verfestigt ein Machtgefälle. Das Untersagen bestimmter Gefühlsäußerungen, die für Pädagoginnen oder Eltern unangenehm wären, führt außerdem zu Verdrängung und hat darum weitrei-
chende Folgen für den Umgang mit eigenen Gefühlen. Bei Erwachsenen
mit geistiger Behinderung verstärkt Bewertung wahrscheinlich außerdem
das bereits vorhandene Gefühl, ‚fehl am Platz‘ zu sein, und damit die erlernte Hilflosigkeit.

Es konnten einige gewaltfreie und verantwortungsvolle Alternativen gefunden werden, mit denen Pädagoginnen und Eltern Konflikte im Alltag lösen und unerwünschten Verhaltensweisen begegnen können. Zunächst ist
es wichtig zu erkennen, dass hinter unerwünschten Verhaltensweisen von
Kindern und von Erwachsenen mit geistiger Behinderung ein Bedürfnis
steht, das sie zu befriedigen versuchen. Pädagoginnen können also dieses
Bedürfnis erfüllen, der Person bei der Erfüllung helfen oder andere, effek-
tivere oder angebrachtere Wege der Bedürfniserfüllung aufzeigen. Pädagogen und Eltern können ihr eigenes Bedürfnis formulieren, wenn Kinder
oder Erwachsene mit geistiger Behinderung sich unerwünscht verhalten.
Dadurch setzen sie natürliche Grenzen, die wesentlich einleuchtender und
leichter einzuhalten sind als unpersönliche Regeln. Das Formulieren eigener Bedürfnisse ist ein wesentlicher Baustein von Authentizität und damit

von persönlicher Autorität. Wichtig ist dabei eine gute Beziehung, die die Kinder oder Erwachsenen mit geistiger Behinderung als umkehrbar erleben, in denen also auch sie als Person ernst genommen werden. Darum sollte auch beim Setzen von klaren (persönlichen) Grenzen und bei der Entscheidung, einen Wunsch nicht zu erfüllen, Empathie und Anerkennung für diesen Wunsch gezeigt werden. Für das Formulieren eigener Bedürfnisse bieten sich besonders die persönliche Sprache und die Gewaltfreie Kommunikation an. Neben der Formulierung eines Bedürfnisses wird bei letzterer vorgeschlagen, auch die neutrale Beobachtung, die daraus resultierenden eigenen Gefühle und schließlich eine Bitte zu formulieren. Das Lösen von Konflikten kann außerdem in einem gemeinsamen Problemlöseprozess erfolgen. Hierfür bietet es sich an, die folgenden sechs Schritte gemeinsam durchzugehen: 1. Problem identifizieren; 2. Mögliche Lösungen entwickeln; 3. Möglichkeiten einschätzen; 4. Entscheidung treffen; 5. Entscheidung durchführen; 6. Spätere Überprüfung. Es kann außerdem hilfreich sein, sich klar zu machen, mit welchen Phänomenen in der Beziehung das Kind oder der Erwachsene mit geistiger Behinderung gerade kooperiert. Wo eigene Fehler erkannt werden, kann hierfür die Verantwortung übernommen werden.

Zur gewaltfreien Prävention von unerwünschtem Verhalten gehört es zunächst, ein entsprechendes Vorbild zu sein (bei Kindern ist dies vermutlich noch wichtiger als bei Erwachsenen mit geistiger Behinderung). Wichtig ist auch eine gute Beziehung, in der Gleichwürdigkeit und gegenseitige Anerkennung praktiziert werden. Dadurch entsteht eine größere Motivation, die Bedürfnisse der Pädagoginnen bzw. Eltern zu achten und ihnen, falls doch Konflikte entstehen, entgegenzukommen. Auch Partizipation kann unerwünschtes Verhalten verhindern und erwünschtes verstärken. Wenn Regeln gemeinsam aufgestellt werden, steigt die Motivation, sie einzuhalten. Das Formulieren eigener Bedürfnisse kann auch präventiv wirken. Nur wenn Menschen von den Bedürfnissen des Gegenübers wissen, können sie versuchen sich entsprechend zu verhalten.

Zu Gewaltfreiheit gehört es außerdem, dass Pädagoginnen und Eltern sich persönlich weiterentwickeln und vor allem Verletzungen aus der eigenen Kindheit verarbeiten. Nur so können sie sicherstellen, dass diese sie nicht zu ungewollt impulsivem oder unbewusstem gewalttätigem Handeln verleiten. Gewaltfreiheit besteht manchmal auch darin, Geduld zu haben und

Ungehorsam nicht zu verurteilen, sondern als Suche nach Integrität wertzuschätzen und diese Suche zu unterstützen.

Grundsätzlich lässt sich feststellen, dass vermutlich fast alle der für Kinder beschriebenen Prinzipien übertragbar sind auf pädagogische Beziehungen zu Erwachsenen mit geistiger Behinderung. Es ist allerdings zu beachten, dass Verhaltensweisen bei Erwachsenen wahrscheinlich gefestigter sind als bei Kindern, und dass die meisten Erwachsenen mit geistiger Behinderung eine Vielzahl von negativen Erfahrungen gemacht haben. Darum brauchen Veränderungen bei dieser Personengruppe vielleicht mehr Zeit und auch Geduld von Pädagoginnen.

11.2 Reflexion und Ausblick

Die Methode der Literaturrecherche war für den Zweck dieser Arbeit sehr gut geeignet. So konnten vorhandene Theoriebestände aus dem Bereich der Kindheitspädagogik gesammelt werden. Da es sehr viel Literatur in diesem Bereich gibt und die Übergänge zwischen Ratgeberliteratur und wissenschaftlichen Publikationen fließend sind, war die Suche zwar nicht einfach, aber lohnenswert. Durch den begrenzten Umfang der Arbeit musste die Anzahl der verwendeten Konzepte und Autoren leider eingeschränkt werden. Nicht verwendet werden konnte bspw. das Konzept der elterlichen Präsenz von Haim Omer, die Arbeit von Alfie Kohn oder das Konzept des Familienrats von Dreikurs, Gould und Corsini. Dennoch sind die hier vorgestellten Ergebnisse sehr umfangreich und können für sich stehen. Bei der Übertragung auf pädagogische Beziehungen zu Erwachsenen mit geistiger Behinderung konnten überraschend viele Aussagen gemacht werden. Diese sind größtenteils Hypothesen, weshalb sie weiterer wissenschaftlicher Überprüfung bedürfen. Dazu könnten z.B. Fachleute befragt werden, die bereits mit einem oder mehreren der hier vorgestellten gewaltfreien pädagogischen Möglichkeiten Erfahrungen gesammelt haben.

Erstaunlich war, wie oft der Aspekt der negativen Lebenserfahrungen bei geistiger Behinderung in dieser Arbeit relevant war. Vermutlich sind viele Menschen mit geistiger Behinderung stark davon geprägt. Dies steht im krassen Gegensatz dazu, wie selten ich (und auch mein bisheriges professionelles Umfeld) diesen Umstand in der Praxis bisher berücksichtigten. Ursachen für diese Vernachlässigung eines so zentralen Aspektes könnte vielleicht emotionale Abgrenzung aus Angst, also Stupidität nach Sinason (Jantzen 2016: 168), sein. Sie könnte aber auch aus dem Wunsch nach guter

Kooperation mit Angehörigen entspringen, die vielleicht von Vorwürfen vor den Kopf gestoßen wären.

Leider mussten die Zielgruppen, Erwachsene mit geistiger Behinderung und Kinder, eher passiv dargestellt werden. Dies ergab sich aus dem Ziel der Arbeit, Handlungsmöglichkeiten für Pädagoginnen (und andere Menschen, die mit den Zielgruppen in Beziehung stehen) zu geben. Dennoch wurde versucht deutlich zu machen, dass Kinder und Erwachsene mit geistiger Behinderung sehr viel Einfluss und Mitwirkungsmöglichkeiten haben. Sie können viel einbringen in die Beziehung, in die persönliche Entwicklung der Pädagoginnen und selbstverständlich auch in ihre eigene Entwicklung, wenn ihnen die Möglichkeit und ggf. nötige Unterstützung gegeben werden.

Wie bereits in der Einleitung erwähnt, scheint die Thematik der Bestrafung und der gewaltfreien Pädagogik viele Menschen zu interessieren, was zu spannenden Gesprächen mit vielen Menschen führte. Daraus ergaben sich für mich weitere Fragen, die ich teilweise schon beantworten konnte. So beschäftigte ich mich damit, wie es dazu kommt, dass Strafe und andere Formen von Macht in der Pädagogik überhaupt eingesetzt werden – selbst wenn die meisten Pädagoginnen es sehr ungern tun. Auch versuchte ich kurze und überzeugende Antworten auf oft in Diskussionen geäußerte Einwände zu finden (z.B. ‚Auch ich wurde bestraft und es hat mir nicht geschadet‘ oder ‚Ich habe keine Zeit für Beziehungsaufbau mit 30 Schülerinnen, Strafen funktionieren schneller‘). Diese Fragen können im Rahmen dieser Arbeit leider nicht eingehend beantwortet werden. Hier sei allerdings auf den Blog von Alfie Kohn (Kohn 2018) und Alice Millers Buch (2001: 115–117) hingewiesen, die mir bereits ein Stück weiter halfen.

Mich persönlich haben die Arbeit und nicht zuletzt auch die daraus resultierenden Gespräche sehr bereichert. Die gelesene Literatur gab mir viel Anlass, über meine beruflichen und privaten Beziehungen nachzudenken. So durfte ich die Relevanz des Kapitels über persönlichen Weiterentwicklung bereits selbst erfahren.

12 Literaturverzeichnis

BIBLIOGRAPHISCHES INSTITUT, 2018. *Duden* [Online-Quelle]. Verfügbar unter: duden.de

BIELEFELDT, Heiner, 2009. *Zum Innovationspotenzial der UN-Behindertenrechts-konvention* [Online-Quelle] [Zugriff am 01.05.2018]. Verfügbar unter: http://www.institut-fuer-menschenrechte.de/uploads/tx_commerce/essay_no_5_zum_innovationspotenzial_der_un_behindertenrechtskonvention_aufl3.pdf

BÖHM, Winfried und Sabine SEICHTER, 2018. *Wörterbuch der Pädagogik* [Online-Quelle] [Zugriff am 01.05.2018]. 17. aktualisierte u. vollständig überarbeitete Aufl. Paderborn: Ferdinand Schöningh. Verfügbar unter: http://www.utb-studi-e-book.de/9783838587165

BÖHNISCH, Lothar, 2017. *Sozialpädagogik der Lebensalter: Eine Einführung*. 7., überarbeitete u. erweiterte Aufl. Weinheim: Beltz Juventa.

DIMDI, 2013. *ICD-10-WHO Version 2013* [Online-Quelle]: *Kapitel VPsychische und Verhaltensstörungen(Foo-F99)*. Intelligenzminderung (F70-F79) [Zugriff am 27.04.2018]. Verfügbar unter: http://www.dimdi.de/static/de/klassi/icd-10-who/kodesuche/onlinefassungen/htmlamtl2013/block-f70-f79.htm

DREIKURS, Rudolf und Loren GREY, 1986. Kinder lernen aus den Folgen: Wie man sich Schimpfen und Strafen sparen kann. 7. Aufl. Freiburg im Breisgau: Herder.

DREIKURS, Rudolf und Pearl CASSEL, 1974. *Disziplin ohne Strafe*. Ravensburg: Otto Maier Verlag Ravensburg.

FISCHER, Kurt W., Catherine AYOUB, Singh ILINA, Noam GIL, Andronicki MARANGANORE und Pamela RAYA, 1997. Psychopathology as adaptive development along distinctive pathways. *Development and Psychopathology*. (9), 749-779.

GHANDI, Arun, 2009. Vorwort zur amerikanischen Neuauflage. In: Marshall B. ROSENBERG, Hrsg. *Gewaltfreie Kommunikation: Eine Sprache des Lebens*. 8. Aufl. Paderborn: Junfermann Verlag, 9-11.

GOFFMAN, Erving, 1975. Stigma: Über Techniken der Bewältigung beschädigter Identität. Frankfurt am Main: Suhrkamp.

GOFFMAN, Erving, 2009. Wir alle spielen Theater: Die Selbstdarstellung im Alltag. 7. Aufl. München: Piper.

GORDON TRAINING INTERNATIONAL, 2016. *About Dr. Thomas Gordon* [Online-Quelle] [Zugriff am 20.04.2018]. Verfügbar unter: http://www.gordontraining.com/thomas-gordon/about-dr-thomas-gordon-1918-2002/#

GORDON, Thomas, 1978. *Familienkonferenz in der Praxis.* Hamburg: Hoffmann und Campe.

GORDON, Thomas, 1993. Die neue Familienkonferenz: Kinder erziehen ohne zu strafen. Hamburg: Hoffmann und Campe.

GORDON, Thomas, 2007. Familienkonferenz: Die Lösung von Konflikten zwischen Eltern und Kind. 46. Aufl. München: Heyne.

GÖTH, Margret und Ralph KOHN, 2014. Sexuelle Orientierung: in Psychotherapie und Beratung. Berlin: Springer.

GÜNDER, Richard, Richard M. L. MÜLLER-SCHLOTMANN und Eckart REIDE-GELD, 2007. *Reaktionen auf unerwünschtes Verhalten in der Stationären Erziehungshilfe* [Online-Quelle] [Zugriff am 25.04.2018]. Verfügbar unter: http://www.kindesraub.de/cms/images/pdf/guender_heim-misshandlung_forschungsbericht_21052008.pdf

HONNETH, Axel, 2012. Kampf um Anerkennung: Zur moralischen Grammatik sozialer Konflikte. 7. Aufl. Frankfurt am Main: Suhrkamp.

IFBFB, 2017. *Prof. Dr. Georg Theunissen* [Online-Quelle] [Zugriff am 14.05.2018]. Verfügbar unter: https://www.ifbfb.de/georg-theunissen/

INTERKANTONALE HOCHSCHULE FÜR HEILPÄDAGOGIK, 2013. *Claudia Hofmann, Dr. phil.* [Online-Quelle] [Zugriff am 14.05.2018]. Verfügbar unter: https://www.hfh.ch/de/die-hfh/who-is-who/claudia_hofmann/

JANTZEN, Wolfgang, 2002. Dialog und symbolisches Kapital: Über verborgene Voraussetzungen der Anerkennung. In: Birgit WARZECHA, Hrsg. *Zur Relevanz des Dialogs in Erziehungswissenschaft, Behindertenpädagogik, Beratung und Therapie.* Münster: Lit, 21-38.

JANTZEN, Wolfgang, 2007. Bindung, Bindungsforschung. In: Georg THEUNISSEN, Wolfram KULIG und Kerstin SCHIRBORT, Hrsg. Handlexikon geistige Behinderung: Schlüsselbegriffe aus der Heil- und Sonderpädagogik, sozialen Arbeit, Medizin, Psychologie, Soziologie und Sozialpolitik. Stuttgart: Kohlhammer, 53-54.

JANTZEN, Wolfgang, 2016. Einführung in die Behindertenpädagogik: Eine Vorlesung. Berlin: Lehmanns Media GmbH.

JANTZEN, Wolfgang, o. J. *Angaben zur Vita* [Online-Quelle] [Zugriff am 30.04.2018]. Verfügbar unter: http://www.basaglia.de/Vita/vita.html

JUUL, Jesper und Gerald HÜTHER, 2009. *Erziehen mit Herz und Hirn: Was Kinder und Eltern brauchen.* München: Voelchert familylab.de.

JUUL, Jesper und Helle JENSEN, 2009. Vom Gehorsam zur Verantwortung: Für eine neue Erziehungskultur. 3. Aufl. Weinheim: Beltz.

JUUL, Jesper, 2006. Das kompetente Kind: Auf dem Weg zu einer neuen Wertgrundlage für die ganze Familie. 5. Aufl. Reinbek bei Hamburg: Rowohlt-Taschenbuch-Verl.

JUUL, Jesper, 2009. Was Familien trägt: Werte in Erziehung und Partnerschaft; ein Orientierungsbuch. 3. Aufl. Weinheim und Basel: Beltz.

KLOETERS, Karin, 2006-2018 a. *Elternbriefe 1-12* [Online-Quelle] [Zugriff am 01.05.2018]. Verfügbar unter: http://www.kloetersbriefe.de/elternbriefe-erziehung.php

KLOETERS, Karin, 2006-2018 b. *Historie* [Online-Quelle]: *Etwas zur Entstehung* [Zugriff am 01.05.2018]. *Verfügbar unter:* http://www.kloetersbriefe.de/kindererziehung.php

KLOETERS, Karin, 2006-2018 c. *Kloeters-Elternbriefe* [Online-Quelle] [Zugriff am 01.05.2018]. Verfügbar unter: http://www.kloetersbriefe.de/elternbriefe.php

KLÖPPER, Anna, 20. 11. 2013. „Viele Kinder werden mutlos" [online]: Pädagogin zu Lehrer-Schüler-Verhältnis. *taz* [Zugriff am 14.05.2018]. Verfügbar unter: http://www.taz.de/!5054620/

KOBI, Emil E., 2000. Zur terminologischen Konstruktion und Destruktion Geistiger Behinderung. In: Heinrich GREVING und Dieter GRÖSCHKE, Hrsg. *Geistige Behinderung - Reflexionen zu einem Phantom: Ein interdisziplinärer Diskurs um einen Problembegriff.* Bad Heilbrunn/Obb.: Klinkhardt, 63-78.

KOBI, Emil E., 2010. Grenzgänge: Heilpädagogik als Politik, Wissenschaft und Kunst. Bern: Haupt.

KOHN, Alfie, 2018. *"... And I Turned Out Just Fine!"* [Online-Quelle] [Zugriff am 14.05.2018]. Verfügbar unter: https://www.alfiekohn.org/blogs/okay/

LEWIN, Kurt, 1931. *Die psychologische Situation bei Lohn und Strafe.* Darmstadt: Wissenschaftliche Buchgesellschaft.

LOCKOWANDT, Oskar, 1980. Vorwort Lohn und Strafe aus psychoanalytischer Sicht: Eine Analyse der thematischen Beiträge aus der Zeitschrift für psychoanalytische Pädagogik. Bielefeld: Pfeffer, 6-7.

LUTZ, Stephanie, 2012. *Die Bedeutung von Strafe aus pädagogischer Sicht und das Phänomen der kaschierten Dominanz* [Online-Quelle]. Wien [Zugriff am 14.04.2018]. Verfügbar unter: http://othes.univie.ac.at/18495/1/2012-01-25_0503638.pdf

MILLER, Alice, 1983. *Am Anfang war Erziehung.* Frankfurt am Main: Suhrkamp.

MILLER, Alice, 1988. *Das verbannte Wissen.* Frankfurt am Main: Suhrkamp.

MILLER, Alice, 2001. *Evas Erwachen.* Frankfurt am Main: Suhrkamp.

MILLER, Alice, 2018. *Portrait von Alice Miller* [Online-Quelle] [Zugriff am 01.05.2018]. Verfügbar unter: http://www.alice-miller.com/de/

OSTERMEIER, Erich, 1980. Lohn und Strafe aus psychoanalytischer Sicht: Eine Analyse der thematischen Beiträge aus der Zeitschrift für psychoanalytische Pädagogik. Bielefeld: Pfeffer.

PLAUTE, Wolfgang, 2013. *Prof. Dr. Wolfgang Plaute* [Online-Quelle]: *Professur für Inklusion und Sonderpädagogik* [Zugriff am 14.05.2018]. Verfügbar unter: http://www.phsalzburg.at/fileadmin/PH_Dateien/Dateien_Zentren/DIVI/Dokumente/phresearch_Plaute.pdf

PRENGEL, Annedore, 2002. Strafe und gewaltfreie Erziehung: Ein neues Gesetz im Dialog der Generationen. In: Birgit WARZECHA, Hrsg. *Zur Relevanz des Dialogs in Erziehungswissenschaft, Behindertenpädagogik, Beratung und Therapie.* Münster: Lit, 233-250.

ROGERS, Carl R., 1972. Die klientenzentrierte Gesprächspsychotherapie. München: Kindler.

ROGERS, Carl R., 2004. *Therapeut und Klient: Grundlagen der Gesprächspsychotherapie.* 18. Aufl. Frankfurt am Main: Fischer Taschenbuch Verlag.

ROGERS, Carl R., 2010. *Die nicht-direktive Beratung.* 13. Aufl. Frankfurt am Main: Fischer Taschenbuch.

ROSENBERG, Marshall B., 2009. *Gewaltfreie Kommunikation: Eine Sprache des Lebens.* 8. Aufl. Paderborn: Junfermann Verlag.

RÜCKRIEM, Norbert, 1974. Einleitung. In: Rudolf DREIKURS und Pearl CASSEL, Hrsg. *Disziplin ohne Strafe.* Ravensburg: Otto Maier Verlag Ravensburg, 7-8.

SCHÖNPFLUG, Wolfgang, Hrsg., 1992. *Kurt Lewin: Person, Werk, Umfeld.* Frankfurt am Main: Lang.

SINASON, Valerie, 1992. Mental handicap and the human condition: New approaches from the Tavistock. London: Free Association Books.

SINASON, Valerie, 2000. Geistige Behinderung und die Grundlagen menschlichen Seins. Neuwied: Luchterhand.

STEINEBACH, Christoph, 2000. Psychologie und "Geistige Behinderung". In: Heinrich GREVING und Dieter GRÖSCHKE, Hrsg. *Geistige Behinderung - Reflexionen zu einem Phantom: Ein interdisziplinärer Diskurs um einen Problembegriff.* Bad Heilbrunn/Obb.: Klinkhardt, 40-52.

STRAßMEIER, Walter, 2000. Geistige Behinderung aus pädagogischer Sicht. In: Heinrich GREVING und Dieter GRÖSCHKE, Hrsg. *Geistige Behinderung - Reflexionen zu einem Phantom: Ein interdisziplinärer Diskurs um einen Problembegriff.* Bad Heilbrunn/Obb.: Klinkhardt, 53-62.

THEUNISSEN, Georg, 2007. Vulnerabilität. In: Georg THEUNISSEN, Wolfram KU-
LIG und Kerstin SCHIRBORT, Hrsg. Handlexikon geistige Behinderung: Schlüsselbegriffe aus der Heil- und Sonderpädagogik, sozialen Arbeit, Medizin, Psychologie, Soziologie und Sozialpolitik. Stuttgart: Kohlhammer, 372-373.

THEUNISSEN, Georg, Claudia HOFFMAN und Wolfgang PLAUTE, 2000. Geistige
Behinderung: Betrachtungen aus dem Blickwinkel der Empowerment-Perspek-
tive. In: Heinrich GREVING und Dieter GRÖSCHKE, Hrsg. *Geistige Behinderung -
Reflexionen zu einem Phantom: Ein interdisziplinärer Diskurs um einen Problembegriff.* Bad Heilbrunn/Obb.: Klinkhardt, 126-140.

TRENZ, Carmen, o.J. *Muss Strafe sein?* [Online-Quelle] [Zugriff am 01.05.2018].
Verfügbar unter: http://www.johann-philipp-glock-schule.de/wp-content/uplo-
ads/2015/05/Elternwissen_Strafe.pdf

WIRTZ, Markus Antonius, Hrsg., 2013. *Dorsch - Lexikon der Psychologie.* 16., vollst.
überarb. Aufl. Bern: Huber.

ZELTNER, Eva, 1993. Kinder schlagen zurück: Jugend-Gewalt und ihre Väter. 2.
Aufl. Bern: Zytglogge.

ZHAW, 2018. *Prof. Dr. Christoph Steinebach* [Online-Quelle] [Zugriff am
14.05.2018]. Verfügbar unter: https://www.zhaw.ch/de/ueber-uns/person/seit/

13 Anhang

Tabelle 1: Schwere Verhaltensstörungen in Bezug zum Grad der geistigen Behinderung (bei Erwachsenen) nach Jantzen (2016: 165)[57]

	Körperliche Aggression	Selbstverletzen- des Verhalten	Destruktivität
Mäßige geistige Behinderung	8%	3%	2,5%
Schwere geistige Behinderung	13%	6%	5%
Sehr schwere geistige Behinderung	16%	17%	7%

Tabelle 2: Kommunikationssperren nach Gordon (2007: 53–56, 1993: 235–236)

Befehlen, anordnen, kommandieren	Mein Sohn geht auf keinen Fall von der Schule ab – das lasse ich nicht zu. Es ist mir gleich, was andere Eltern tun, du musst... Sprich nicht so mit deiner Mutter! Nun geh zurück und spiel mit Tina! Hör auf dich zu beklagen!
Warnen, ermahnen, drohen	Wenn du das machst, wird es dir Leid tun! Noch eine solche Bemerkung, und du verlässt das Zimmer! Mach es doch, aber dann sieh zu, wie du alleine klar- kommst.

---

[57] Jantzen erstellte diese Tabelle auf der Basis einer bei Wendeler zitierten Studie von Jacobson.

Zureden, moralisieren, predigen	Du sollst dich nicht so aufführen.
	Du solltest...
	Du musst Erwachsenen gegenüber immer respektvoll sein.
	Zu lernen ist das Beste, was man erleben kann.
Beraten, Lösungen geben, Vorschläge machen	Warum bittest du nicht Tina und Julia zusammen, hier zu spielen?
	Warum stellst du dir keinen Plan für die Hausaufgaben auf?
	Ich schlage vor, du besprichst das mit deinen Lehrern.
	Geh und freunde dich mit ein paar anderen Mädchen an.
Vorhaltungen machen, belehren, logische Argumente anführen	Das Studium kann zum schönsten Erlebnis werden, das du jemals haben wirst.
	Mit einem Abschluss verdienst du im Beruf 50 Prozent mehr als ohne.
	Betrachte es einmal so – deine Mutter braucht Hilfe im Haus.
	Als ich in deinem Alter war, musste ich doppelt so viel tun wie du.
Urteilen, kritisieren, widersprechen, beschuldigen	Du denkst nicht logisch.
	Das ist ein unreifer Standpunkt.
	Da bist du ganz im Unrecht.
	Ich bin vollkommen anderer Meinung als du.
Loben, zustimmen	Nun, ich finde dich hübsch.
	Du warst doch immer ein guter Schüler mit viel Talent.
Beschimpfen, lächerlich machen, beschämen	Du bist ein verzogenes Gör.
	Hör mal zu, Herr Neunmalklug.
	Du benimmst dich wie ein wildes Tier.
	Du redest wie einer von diesen doofen Punkern, die alles verweigern.

Interpretieren, analysieren, diagnostizieren	Du bist nur eifersüchtig. Du sagst das, um mir einen Schreck einzujagen. In Wirklichkeit glaubst du das alles selber nicht. Dir gefüllt die Schule bloß nicht, weil du dir keine Mühe geben willst.
Beruhigen, bemitleiden, trösten	Morgen denkst du anders darüber. Alle Kinder machen das gelegentlich durch. Mach dir keine Sorgen, das kommt alles zurecht. Das habe ich früher auch gedacht. Ich weiß, die Schule kann manchmal ziemlich langweilig sein. Mit anderen Kindern verträgst du dich doch sonst sehr gut.
Forschen, verhören, fragen	Was würdest du denn ohne Abschluss machen? Wovon würdest du leben? Erzählen dir die Kinder jemals, warum sie nicht mit dir spielen wollen? Wer hat dir diesen Gedanken in den Kopf gesetzt? Was willst du tun, wenn du nicht auf die Uni gehst?
Zurückziehen, ablenken, aufheitern, zerstreuen	Denk einfach nicht mehr daran. Komm – lass uns über angenehmere Dinge reden. Warum versuchst du nicht, die Schule niederzubrennen? Keine Probleme beim Essen, bitte. Was macht dein Basketballspiel?